上海市基础教育名师学术文库

中学化学课堂教学设计与实践

主编 ◎ 徐雪峰 金继波 张 莉

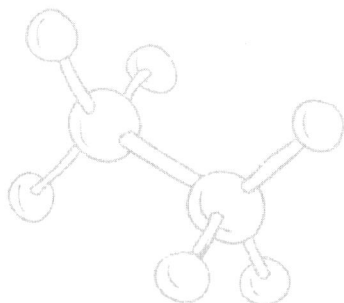

上海交通大学出版社
SHANGHAI JIAO TONG UNIVERSITY PRESS

内容提要

　　本书是上海市奉贤区化学特级教师工作室课题组成员在初中、高中的不同学段、不同年级,基于不同课型开展的聚焦学生化学学科核心素养培养的化学课堂教学实践研究内容。本书通过系列化的案例研究和探索,提出了化学学科培养学生核心素养的一些有效教学策略。这些总结于一线实践经验的"奉贤教法",优化了学生学习方式,促进了学生化学学科核心素养提升,丰富了相关理论研究内容,是对化学学科核心素养培养实践的有益探索。本书对中学化学教师和基础教育研究领域的相关人士具有较高的参考价值。

图书在版编目(CIP)数据

　　中学化学课堂教学设计与实践/徐雪峰,金继波,
张莉主编. —上海:上海交通大学出版社,2021.12
　　ISBN 978 - 7 - 313 - 25621 - 8

　　Ⅰ.①中…　Ⅱ.①徐…②金…③张…　Ⅲ.①中学化
学课-课堂教学-教学设计-研究　Ⅳ.①G633.82

　　中国版本图书馆 CIP 数据核字(2021)第 209077 号

中学化学课堂教学设计与实践
ZHONGXUE HUAXUE KETANG JIAOXUE SHEJI YU SHIJIAN

主　　编:徐雪峰　金继波　张　莉
出版发行:上海交通大学出版社　　　　　　地　　址:上海市番禺路 951 号
邮政编码:200030　　　　　　　　　　　　电　　话:021 - 64071208
印　　制:上海新艺印刷有限公司　　　　　经　　销:全国新华书店
开　　本:787mm×1092mm　1/16　　　　　印　　张:10.5
字　　数:210 千字
版　　次:2021 年 12 月第 1 版　　　　　　印　　次:2021 年 12 月第 1 次印刷
书　　号:ISBN 978 - 7 - 313 - 25621 - 8
定　　价:59.00 元

序

　　怎样以化学学习为载体促进中学生逐步形成并发展适应现代生活和未来发展需要的核心素养,从而在化学教学过程中落实立德树人的根本任务,是当今我国中学化学教师们共同关心的热点问题之一。上海市奉贤区化学特级教师工作室的老师们在上海市特级教师徐雪峰、金继波老师的带领下就此对化学课堂教学的设计与实践展开了比较深入的研究。他们边学习教育教学理论,边对中学化学常见课型——新授课、复习课、实验课、讲评课等进行剖析,分析不同课型的课堂教学思维结构,通过比较,从教学目标、学生学习心理等多个角度归纳不同课型的教学特质。他们边研究化学学科核心素养的内涵,边依据不同课型的教学特质,探索不同课型的课堂教学中有效落实化学学科核心素养的教学策略。他们边研学思考,边在自己的课堂上积极实践,取得了不少成功的经验,并经过工作室多样化的研修活动,产生思维碰撞,升华实践经验,形成研修成果。

　　本书是上海市奉贤区化学特级教师工作室的老师们三年研修与实践成果的集中体现。全书共有七章,其中既有老师们对中学化学课堂教学常见课型特质的理论分析,他们旨在培育中学生化学学科核心素养的课堂教学设计的思考,他们聚焦对学生化学学科核心素养每一个方面培养的教学思考、教学策略以及若干成功的教学案例,还有相关的学习评价设计与实践,以一线教师的视角诠释了他们对化学学科核心素养的解读,从教学实践层面提出了培养和发展学生核心素养的一些行之有效的策略,学科特色鲜明,十分"接地气"。

　　本人曾有幸多次参加上海市奉贤区化学特级教师工作室的学习研讨和教学实践活动,对工作室的主持人和学员们认真学习、不断探索、努力实践、积极反思的精神印象深刻。虽然工作室的研修时间和其他条件有限,老师们在繁忙的工作之余能够投入课题研究的时间和精力也有限,但是我相信，在课改发展的新形势下，本书不仅能给广大化学教育工作者如何当好今天的化学教师带来不少新的启发，而且能给大家怎样立足课堂开展教育教学科研，更好地培养德智体美劳全面发展的社会主义建设者和接班人，提供可以借鉴的新启示。

上海市普陀区教育学院　叶佩玉

2021 年 1 月

以核心素养培养为目标的课程与教学改革已经步入"深水区",在学科教学中积极落实素质教育的观念已经成为老师们的共识。如何结合学科教学培养学生的化学核心素养,很多一线教师对此开展了丰富多彩的实践研究。

上海市奉贤区化学特级教师工作室课题组成员包括初中老师和高中教师,正好对应了中学化学学习的各个学段。课题组在系统学习了中外教育教学理论特别是北京师范大学林崇德教授思维结构理论的基础上,对中学化学不同课型的教学特质进行了比较研究,分析梳理了不同课型的思维结构,在此基础上提出了化学学科教学中培养学生核心素养的教学策略。

本书课题组老师在初中、高中的不同学段、不同年级,基于不同课型开展聚焦学生化学学科核心素养培养的化学课堂教学实践研究,通过系列化的案例研究和探索,提出了化学学科培养学生核心素养的一些有效教学策略。这些总结于一线实践经验的接地气的"奉贤教法",优化了学生学习方式,促进了学生化学学科核心素养提升,丰富了相关理论研究内容,是对化学学科核心素养培养实践的有益探索,希望能给老师们一定的借鉴和启示。

编 者

2021 年 1 月

目 录

第一章

中学化学常见课型特质分析及对学科核心素养培养的思考

随着新课标、新课程的不断推进,在中学化学课堂教学中落实学科核心素养的培养已成为广大化学教师的共识。根据学习内容和学习任务上的不同,中学化学课一般可以分成新授课、复习课、讲评课、实验课等几种课型,几种课型都有其相应的思维结构和特质,不同的课程形态培养的核心素养的侧重点也各有差异,不同课程形态的教学方式和教学策略也有所不同。

一、中学化学常见课型思维结构的分析

北京师范大学林崇德教授指出,思维结构是人类系统的一个子系统,因此,要考察人类思维结构的成分,就应当考察人类主体与客体的关系、思维结构整体与部分的关系和思维结构各成分之间的关系。基于这种认识,林崇德教授提出了一个包括六种成分的思维结构,如图1-1所示。

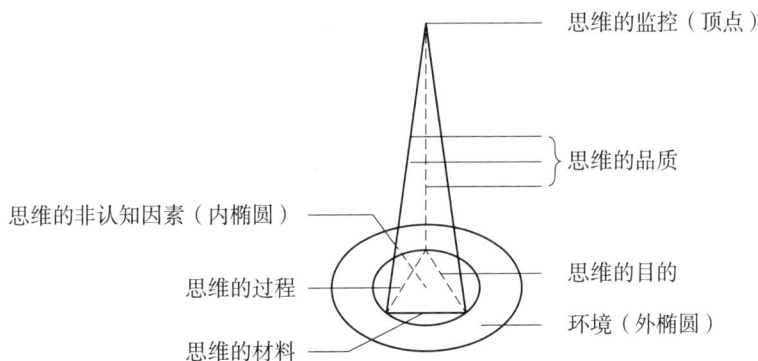

图1-1　林崇德的思维结构模型

由图1-1可知,所谓思维结构的六种成分是指思维的监控、思维的目的、思维的过程、思维的材料、思维的非认知因素和思维的品质。

思维的监控是整个思维结构的统帅和主宰。它有六大功能:确定思维的目的;管理和控制非认知因素,有效地保护积极的非认知因素,努力将消极的非认知因素转化成积极的非认知因素;搜索和选择恰当的思维材料;搜索和选择恰当的思维策略;实施并监督思维的过程;评价思维的结果,检查当前的思维结果是否与既定的目的一致,如果不一致,对前五种功能作必要的调整和修正。如此循环往复,直到实现既定的目的为止。

思维的目的就是思维活动的方向和预期的结果。思维的目的发展变化主要表现于定向、适应、决策、图式和预见五个指标。

思维的过程一般为:确定目标—接受信息—加工编码—概括抽象—操作运用—获得成功。

思维的材料就是外部信息的内部表征。外部信息的内部表征不外乎两种类型:一类是感性材料,包括感觉、知觉、表象;一类是理性材料,主要指概念。

思维的非认知因素是指不直接参与认知过程,但对认知过程起直接作用的心理因素,主要包括动机、兴趣、情绪、情感、意志、气质、性格等。非认知因素的性质往往取决于思维材料或结果与个体思维的目的之间的关系。凡是符合个体思维目的的思维材料或结果,容易使人产生愉快、喜爱、兴趣等积极的非认知因素;凡是不符合个体思维目的的思维材料或结果,容易使人产生烦闷、厌恶、乏味等消极的非认知因素。

思维的品质是思维结果的评价依据。思维品质的成分是很多的,但最重要的有五种形式,即深刻性、灵活性、独创性、批判性和敏捷性。

总而言之,林崇德通过其思维结构模型阐明,智力是人们在特定的物质环境和社会历史文化环境中,在自我监控的控制和指导下,及在非认知因素的作用下,为了达到某种目的,识别问题、分析问题和解决问题所需要的,以思维能力为核心的一切心理能力。

化学课堂教学按功能内容及教学形式一般分为新授课、复习课、讲评课和实验课四种类型。不同类型的课堂教学有着各自不同的特点,这也决定了它们思维结构的各个方面的内容不相同,如表1-1所示。

表1-1　不同课型思维结构内涵的比较

思维结构	新授课	复习课	讲评课	实验课
思维的监控	新授知识与技能学习过程的监控与反思	各个知识点链接的学科逻辑关系揭示过程的监控与反思	对学习过程的反思,对网络化结构化的知识体系的再优化和应用检测过程的监控	对实验原理、装置原理及操作原理的理解过程及操作过程的监控
思维的目的	明晰新授知识的内涵与外延	在揭示知识点学科逻辑关系的基础上,将单元知识网络化、结构化	进一步理顺和优化知识网络体系,并能适度迁移	通过实验进一步理解学科原理,掌握相关操作技能技巧,形成经验
思维的材料	支撑新授课学习的所有信息	支撑知识网络化结构化的所有信息	学生的典型错题、经典习题及其变式题组	与实验相关的知识信息、器材、药品、操作等信息
思维的过程	体验新授知识的产生与发展过程	体验单元知识网络化、结构化的过程	引导分析错题原因,并进行归因归类	对实验方案的设计与优化过程,对实验误差的分析过程
思维的非认知因素	对新授课的学习兴趣、态度等情绪表现	对复习课的学习兴趣、态度等情绪表现	对讲评课的学习兴趣、态度等情绪表现	对实验课的学习兴趣、态度等情绪表现
思维的品质	凸显于对新授内容理解的深刻性,对学习内容在不同场景表现理解的灵活性	凸显于对知识点链接逻辑关系理解的深刻性,对单元知识网络化结构化的敏捷性	凸显于解题思维角度和方法的独创性,对多种方法的比较批判性	凸显于实验设计的严谨性和操作思维的敏捷性

二、中学化学常见课型教学目标的对比分析

不同教学形态的课堂教学承载的教学功能也是有差异的,如表1－2所示。化学学科因其学科特点,使得化学课特别是化学实验教学这样的课型具备其他学科无法完成的教育功能。

表1－2　不同课型的教学目标对比

	新授课	讲评课	复习课	实验课
知识与技能	突出新知识特征的掌握,体现新知识学习在一定程度上的"完整性",新技能的模仿学习	强调对新知识学习效果检查后的有针对性的矫治性反馈,强调对模仿学习新技能过程中出现问题的矫治性反馈	更多地强调从宏观上架构知识体系,组织知识网络,深入挖掘知识内在的联系,并将其转化为知识网络的链接,通过一定的练习固化这种链接	以实验的手段探究化学知识,借助学科知识的学习习得与化学相关的实验操作技能
过程与方法	突出引导体验探究领悟新知识特征和新技能操作要点的过程与方法	在充分了解学习缺陷的基础上,注重引导发现学习知识技能上的缺陷,并在教师的启发下寻找解决方法	注重引导体验如何深入挖掘知识的内在联系,学习如何将其转化为自身知识网络的链接,进一步完善和优化自身的知识结构	体验化学知识的实验探究过程,掌握常见的化学实验探究方法
态度情感价值观	教育素材更多地来自认知内容的本身,该目标的达成度可体现出教师对教材的挖掘能力和自身的知识素养	更多地体现教师的学生观,体现对学生的尊重、鼓励与赞赏,体现教师对学生非智力因素的开发能力,尤其是学生反思和自我评价意识和水平的开发与提高	可以在情境的创设中体现,可以引导学生在组织宏观的知识网络的时候感悟知识的应用情感,更多地体现教师的学生观,体现对学生的尊重、鼓励与赞赏,体现教师对学生非智力因素的开发能力	在实验探究过程中培养严谨科学的探究精神,树立不畏艰难、勇于实践的科学精神,在实验方案的设计过程中培养绿色化学意识和社会责任感,感受实验过程中展现的学科美

三、中学化学常见课型的特质分析

1. 新授课

中学化学的新授课一般可以从事实学习、规则学习和技能学习三个角度去研究。化学事实学习主要是元素化合物知识的学习,化学规则学习主要是化学概念和化学理论知识的学习,化学技能学习主要是化学计算、化学用语以及化学实验等知识与技能的学习。这些新授课都有着共同的特点——新,表现在以下几个方面:

(1)学习内容新。学习对象是学生未了解的新知识和未掌握的新技能。

(2)学习途径、方法新。教师向学生介绍学习的新途径、新方法,引领学生从新的视角来分析化学现象,认识物质性质,掌握化学变化规律,领悟化学世界认知方式的多样性、层次性。

(3)学习情境新。无论是教学情境的创设还是所学知识的应用情境都是全新的,新的教学情境有利于激发学生的学习兴趣,而应用情境的创新则有利于拓宽学生的思维。

2. 复习课

学生在阶段性测试前学习的主要形式是复习。复习课的种类一般有单元复习、总复习和专题复习等。其中单元复习所占时间最多,是复习的主要形式。单元复习的内容多为普通中学化学课程所规定的基本概念和基本理论、常见元素的单质及其化合物、有机化学基础知识、化学计算和化学实验知识等。复习课的特征主要有以下几个方面:

(1)复习课主要是为了从学生现有的知识结构出发,诊断学生学习情况并弥补学生学习的不足,促进学生优化知识的系统化和网络化,有一定的诊断特征。

(2)复习课是大脑对神经细胞再次进行刺激,强化理解、完善记忆的过程,具有巩固强化的特征。

(3)复习课是对新授课学习的进一步反思,是进一步培养学生的自学能力和引领学生进行认知能力提升的教学形态,有助于提高学生的学习水平,具有提升学习效能的特征。

(4)从对知识的应用来看,复习课不仅是为了会做题,而且是学生在新背景下经历一个由厚到薄,再由薄到厚的知识与技能的加工过程。在这个过程中,复习课必须有一定的探究性和创造性。

3. 讲评课

在统计学生错题的基础上,课前对典型错误进行研究。既要分析试题考查内容的知识分布情况、考查目的、难度系数及试题本身的优点与不足,还要认真分析学生的得失分情况、知识缺陷、审题和析题能力、心理障碍、思维层次、存在问题的普遍性与特殊性、知识应用中的创见性等。在充分梳理的基础上归因归类,梳理出学生学习的薄弱环节,结合学习重点(课程标准与教学基本要求中重要内容)、热点(必须掌握的知识点与经典题型)、特点(独特应用的知识与新颖题)及错点(学生常犯错误与思维障碍),应用科学方法精讲细讲,讲深讲透。这就是化学讲评课。

讲评课一般具有以下特征:

(1)在复习课的基础上进一步揭示和固化知识点的内在联系,从学科逻辑角度揭示知识点及知识间的联系,深化对概念内涵的理解,使学生能感悟学科知识的内在逻辑联系。

(2)对于典型错题进行针对性讲评,引导学生进行比较性分析,引导进行变式题组训练,引导学生学会分析相似题的依据、思路与方法,让学生学会找到破题的关键,使学生做一道题会一类题,触类旁通。

(3)借助典型题进行解题技巧和方法的学习,开拓思路,使学生能够一题多解、化繁为简,提高学生学科思维能力。

(4)培养学生解题的严密性和规范性,通过引导学生分析解题中易疏漏或易犯的错误,使学生能够破除思维定势和惯性,注意问题的特殊性,提高知识应用中的科学性与准确性。

(5)关注学生的个体差异,在针对性的基础上,讲评还要有一定的层次性,通过分层讲评让所有的学生都能受益。

4. 实验课

化学是实验特色非常鲜明的一门自然学科。化学实验是有目的地使自然界中的化学现象在特定的环境条件下简单化和明晰化,将主要因素重现出来,以便进行观察研究,认识物质及其变化规律。实验教学可以帮助学生形成化学概念,理解和巩固化学知识,培养学生观察现象、分析问题、解决问题的能力,获得比较熟练的实验技能,培养学生实事求是、严肃认真的科学态度。通过化学实验易引起学生学习化学的兴趣,激发学生学习化学的自觉性和积极性。根据化学实验的实践形式,一般可分为演示实验、学生分组实验、家庭小实验等形态。

实验课的特点主要体现在以下几个方面:

（1）新教材中化学实验所占比重加大。新教材中,涉及实验的内容尽量安排实验课,同时对课堂演示实验以及学生实验不作硬性区分,这样给学生自主实验学习以及教师教学提供了更大的平台和空间。教师能够通过场景设置,为学生提供实验操作的平台,从而实现引入知识、巩固知识的效果。

（2）实验主题生活化趋势增强。新课标倡导化学实验应该来源于生活,通过生活实践提升学生对化学知识的认识与掌握。同时,新课改下的高中化学实验课,利用实验解释生活中的一些现象,实验物质也通常来源于生活中常见的事物,如橙子中维生素 C 还原性实验、电解质实验等等。

（3）实验过程绿色化趋势增强。新课标加强了对绿色理念的重视,将绿色化学作为教学的目标之一。同时在具体的实验中,取材更加环保,实验中提倡节约,等等。

（4）实验手段现代化趋势增强。化学实验课堂对高科技设备以及仪器的使用越来越广泛,促使化学实验向着高科技、现代化的方向发展。我们耳熟能详的现代化仪器与实验方法包括色谱法、光谱法、质谱法以及电化学法。还有丰富的数字化实验手段,可以更直观地呈现传统实验无法呈现的微观变化。

（5）实验探究性趋势增强。课程中,不再是教师单方面的演讲,更讲究合作探究。化学实验教学由激发学生积极地接受学习转变为主动地探索学习,由学会知识、会学知识到求异创新。特别是由验证性实验转向探究性实验,由封闭性实验转向开放性实验,等等。

四、中学化学常见课型学生学习心理的比较分析

不同课型的思维结构与特质的不同,导致学生在不同课型中学习心理也有不同的表现,如表 1-3 所示。

表 1-3 学生在不同课型中的学习心理比较

课型	学生的学习心理分析
新授课	实验研究是化学的学科特点,学生对新鲜事物总是充满了好奇和探究欲望,化学实验能够很好地激发学生的学习兴趣,并转化为继续探究学习的动力,学生在得到结论时也容易感受到学习成功的体验,常表现出学习的主动性。高中学生已经具备一定的抽象思维能力,在新知识的学习过程中更愿意主动探究,在探究中展现自己的思维能力。
讲评课	不同学习品质的学生在讲评课时表现出不同的学习心理。学习品质好的学生面对自己的正确解答能够进一步增强自信,面对错误也能表现出一定的由自信而带来的好奇性兴奋,学习探究欲望较强。在讲评课上他们更多地关心别人的学习方法,为学习到新的方法、领悟到自身出错的原因或者从宏观上发现试题存在某些规律等等兴奋不已。学习品质不太好的学生由于经常出现错误,即使面对自己正确的解答,他们常常归结为偶然和碰巧,其自信心的增强程度也远不及学习品质好的学生;而面对错误,如果教师的引导不恰当,失败的体验很容易再一次重创他们的学习自信心。在讲评课上他们更多地关心试题的正确答案是什么、怎样解题,而对于错误的原因则缺少探究的信心。
复习课	不同学习品质的学生在复习课时也常表现出不同的学习心理。学习品质好的学生在一定程度上能够自我挖掘知识点的联系,形成知识链接,初步建构认知网络。在复习课上,他们会将教师介绍的认知网络与自身建构的认知网络做比较,从相同的部分感到独立学习的成功体验,进一步增强学习自信;也会对不同的部分进行一定程度的思考,从而提升自身对知识的链接和建构能力。学习品质不太好的学生不善于挖掘知识联系,更不能转化形成知识链接。他们或没有建构认知网络的学习习惯,或没有建构认知网络的能力,他们原本就比较混乱的大小不等的知识散块中又掺入新的知识散块,知识散块的混乱度远超过学习品质好的学生。
实验课	对于大部分学生来说,他们接触化学开始就对化学实验充满了好奇和兴趣,所以几乎所有学生上化学课时对化学实验都有不同程度的期待。当然,不同品质和性格的学生在进行化学实验时也有不同的表现。对于有毒、爆炸等危险性实验,有些胆小的学生也会产生恐惧心理,有些甚至选择旁观;而学业成绩优秀、胆大的学生往往表现出自信,甚至愿意尝试具有一定危险性的实验,以显示自己对于这些潜在危险的驾驭能力。对于实验中出现的意外情况,学习能力薄弱的学生常表现为失望和沮丧,而学习能力强的学生则会激发起更强的好奇心和探究欲,期望能够进一步研究意外现象的成因和结论。

五、关于聚焦核心素养的中学化学课堂教学设计的思考

化学学科核心素养包括"宏观辨识与微观探析""变化观念与平衡思想""证据推理与模型认知""科学探究与创新意识""科学态度与社会责任"五个方面。新课标突出对学生化学学科核心素养培养的教学要求,在这种背景下,中学化学课堂教学具备了一些显著特点:以"立德树人"为教育根本任务,展现了学科教学的育人价值观;强调对物质性质科学探究过程的体验和方法的掌握,突出了过程和方法。为了让课堂教学更加有利于学生核心素养的培养,在进行教学设计时教师要树立一些必要的思想认识,促进教学设计水平的提升。

1. 挖掘真实的生活化问题中的化学素材,凸显思维材料的实践性

化学是一门与日常社会生活、生产实际联系紧密的自然科学,这就决定了自然现象、社会生活、生产实践都能为化学教学提供丰富而有效的科学探究素材。化学源于生活又服务于生活,生活中处处有化学。日常社会生活中就有很多事情与化学知识的应用相关,若能在化学教学中较好地利用,将有利于学生知识的应用体验。如学习酸雨的内容后,学生掌握了产生酸雨的原因之一是空气中的二氧化硫,酸雨对地球上的动植物、文物都有影响。怎样减少酸雨的产生呢? 学生通过查阅资料,运用已有知识提出方案。教师有意识地引导学生运用所学知识解决真实背景下的实际问题,培养学生解决问题的实践能力。在教学中,教师应经常让学生运用所学知识去解决生活中的实际问题,使学生在实践化学的过程中及时掌握所学知识,感悟到化学学习的价值所在,从而增强学好化学的信心,学会用化学的视角观察周围的事物,思考身边的事情,拓展化学学习的领域;使学生学会用所学知识解决现实生活中的问题,培养学生的实践与创新能力。

2. 在学生的最近发展区创设高效的教学情境,优化思维的环境

何为高效的教学情境? 我们认为,能够以最简洁的方式开启学生对新知学习的思维并形成整节课的探究主线索的教学情境就是高效的教学情境。怎样才是最简洁的方式? 直线是两点之间的最短距离,教师就是要研究学生最近发展区和新学习知识的各种属性特点,合适的社会生活生产实践素材一定是兼具两方面部分属性特点的素材,教

学中教师可根据化学学科及学生学习心理,把这些素材以符合学生兴趣爱好的方式创设成有利于激发学生学习兴趣的教学情境,让学生获得兴趣、激发体验。化学教学中可利用化学实验、问题情境、视听媒体、故事、日常社会生活中的热点问题等创设教学情境,这样学生就能从中获得兴趣激发的体验,对这些情境中的化学现象、化学原理进行探究,从而使学生的知识、能力、方法、态度都能协调发展。

3. 培养思维的非智力因素,促进思维品质的提升

要落实"立德树人"教育根本任务,必须关注学生非智力因素的培养,创设"有温度"的课堂,激发学生的情感因素。挖掘学科学习内容中蕴含的美的素材,设计优化呈现方式,以学生喜闻乐见的形式呈现化学的美,让学生感受科学家的爱国情怀,养成不畏艰辛、勇于探索的科学精神。

问题启发学生思考,问题引领学生探究,不断拓展学生思维的深度和广度。从认识论看,一切事物都可以分解为不同层次的问题。找出并提出问题是发展思维、张扬个性、激发创新的必要途径。教学的过程必须以问题来贯穿。在民主和谐的课堂氛围中,学生的情绪得到很好地呵护,敢于表达、善于质疑有利于学生问题意识的培养。问题最好从学生中来,由学生自己解答。以问促思,是创新教学的基本特征。问题的解答不是教学的最终目的。通过问题的解答,引发新的问题、新的思维,才是教学要追求的境界。问题引路,不必追求标准化的准确答案,重在引发学生思维的火花,重在学生自主探究真理的过程,重在让学生感知化学世界奥妙无穷的魅力。

4. 搭建合作与交流的平台,促进思维过程的顺畅

传统的课堂教学模式中,几十个学生整堂课面对一个教师,课堂交流几乎全是师生间的纵向交流,而且多是教师向学生的单向输出。教师千方百计要在课堂上主导几十名学生的思想,这种方式没有充分考虑学生的认识过程既有有序的一面,同时又有思维跳跃性等无序的一面,本身就是对学生主体思维活动的束缚,其弊端日益突出。随着课程教学改革的深入,老师们越来越认识到教学过程中学生主体地位的作用,也更加重视学习过程中学生主体地位的体现,在兼顾师生纵向交流的同时,倡导大胆增强学生之间的横向交流,形成纵横交错的教学模式。

学生根据探究性问题以及与主题相关的学习资料,主动进行假设、探索、验证、归纳、解释以及讨论活动,解决相关的探究性问题。学生经历以化学实验为主的科学探究活动,能提高学习化学的兴趣,体验科学探究过程中的快乐与艰辛,获得探究乐趣。学生在一起合作交流学习,能够分享个人知识以及经验,学习小组可以提供更多的观点与经验,引发学生的深度思考,主动促进知识的建构并参与学习过程,也可以增强学生的责任感,高效地完成小组目标。化学教学中可从多方面给予学生合作交流的体验,如在

化学实验探究活动中,将全班学生分成小组形式学习,组间同质,组内异质。学生在自主探究的前提下,加强与同伴的讨论交流,结合自己的方案进行反思,再完善方案。小组内合作探究学习完成后,选出代表与其他小组讨论交流,交换意见,包括本次实验的结果、现象、数据及分析处理结果,创新装置、方法、理论分析,以及本次探究活动的最大收获、感受等内容。通过这种体验学习,可以促进学生对知识体系的建构,同时建立积极良好的人际关系,也培养了学习交流与合作能力,体验合作学习的快乐。

美国著名心理学家布鲁诺认为:"知识的获取是一个主动的过程,学习者不应是信息的被动接受者,而应该是知识获得的参与者。"因此教师要重视激发学生学习过程中的主动性,让学生自主地参加知识的获取过程,从中找出规律、掌握知识。在课堂上,学生通过教师的科学指导,围绕教师确定的学习目标,自主选择学习方法,自我监控学习过程,逐步培养自主评价学习结果的学习品质。通过能动的创造性的学习活动,实现学生自主性发展的教学实践活动。新课标的重要理念是教和学方式的实质性变革,而其最终目标则在于引发学生"学"的实质性变化。教学过程是师生交往、共同发展的互动过程。交往意味着人人参与,意味着平等对话,教师由居高临下的权威转向"平等中的首席"。传统意义上的教师教和学生学,将不断让位于师生间互教互学,彼此形成一个真正的"学习共同体",教学过程不只是忠实地执行课程计划(方案)的过程,而且是师生共同开发课程、丰富课程的过程,教学真正成为师生富有个性化的互动的创造过程。

第二章

聚焦宏观辨识与微观探析的
教学设计的思考与实践

　　"结构决定性质"是非常重要的化学学科思想,而有机化学中有机物分子组成与结构的探究对有机物官能团学习至关重要。如何在有机物教学中设计有机物分子组成与结构的教学,提升学生的"宏观辨识与微观探析"学科核心素养? 我们尝试在教学设计中引入化学史料、分子模型、定性定量实验等学习支架,引导学生宏观研究有机物分子组成元素,微观探究分子结构,提升学生化学学科核心素养。

一、研究背景与教学策略

1. 研究背景

有机物分子组成和结构是比较抽象、微观的,但其组成元素可以由宏观的燃烧反应来表征,其结构可以借助分子模型来分析。我们要善于把宏观与微观联系起来,培养学生从宏观性质与微观结构相结合的视角来分析和解决物质组成与结构问题,帮助学生建立"宏观辨识与微观探析"的学科核心素养。

我们选取了有机化学中比较典型的烃的代表物甲烷及烃的衍生物的代表物乙醇,从宏观性质来探究这两个代表物的微观分子组成和结构,帮助学生加深对有机化学中分子结构的认识,在实验探究过程中学会用"宏观辨识与微观探析"的观念认识事物,逐步形成化学的核心观念,促进学科核心素养的形成和发展。

2. 教学策略

有机物分子组成及其结构是无数科学家通过实验探索、分析推理、去伪存真发展起来的,因此,从史学角度和实验角度研究分子组成、体验宏观辩识,并通过微观分子模型、学习支架来分析推理有机物分子结构,是提高学生化学核心素养的有效途径。

1) 史料研究组成,体验宏观辩识

爱因斯坦说,科学是"探究意义的经历"。重走科学家探索有机物分子组成的科学求索之路,站在巨人的肩膀上,重新体会科学探究的严谨及艰辛,审视有机物分子结构的探究历程,对学生来说不仅仅是读一段化学史,也是一段史学观和研究方法论的熏陶,体会从宏观性质去探究微观组成的方法。"甲烷的分子组成和结构探究"中,介绍了德国化学家、有机化学之父李比希于1831年提出的一种定量测定有机物中碳和氢元素含量的分析方法,然后让学生踏着科学家的足迹,一起去设计实验装置,体验科学家探究分子组成的历程,体会严谨求实的科学精神。

2) 宏观实验设计,探究分子组成

实验研究在化学教学中占有重要的地位,通过宏观的定性实验与定量实验来探究分子的组成,能很好地培养学生的实验操作、分析、调控及思维能力。例如,在有机物分子结构探究中,可以通过定性实验,初步确定有机物的分子组成;然后再通过定量实验

进一步确定有机物的分子组成。"甲烷的分子组成和结构探究"中,通过定性实验确定了甲烷中有碳、氢两种元素,又通过定量实验确定了甲烷中只含有碳、氢两种元素,并计算确定了甲烷的分子式为 CH_4。"乙醇的分子结构"中,先通过定性实验确定了乙醇中有碳、氢元素,又通过定量实验确定了乙醇中还含有氧元素,并且确定了乙醇的分子式为 C_2H_6O;同时,也可以借助现代化仪器进行分析,如利用元素分析法确定有机物的分子式、利用质谱法测定有机物的相对分子质量并确定其分子式、利用红外光谱确定有机物的化学键与官能团、利用核磁共振氢谱确定分子中氢原子种类及其数目,从宏观表现出来的性质去研究微观分子组成。

3）构建模型结构,认识分子结构

有机物分子结构复杂、抽象。学生缺少空间想象力,不易准确把握有机物分子的空间结构。利用分子模型直观、多角度呈现分子结构,可以使学生更直观地感受分子的立体结构,从而更容易理解有机物分子结构的特点,帮助学生建立有机物分子结构的模型认知。

"甲烷的分子组成和结构探究"中,教师让学生利用不同颜色的泡沫小球、牙签等生活用品自制学具,动手搭建甲烷可能的结构模型,包括平面的结构及立体的结构,充分发挥学生的想象能力和空间思维能力,让学生全面认识甲烷的空间构型;在此基础上,又让学生搭建二氯甲烷的分子模型,进一步从"二氯甲烷只有一种结构"的科学事实,推理出甲烷的正四面体立体结构,让学生在体会中建立认知结构,印象深刻。"乙醇的分子结构"中,学生独立自主搭建乙醇可能的结构模型,从而更直观地认识两种结构的官能团的不同,为后续认识乙醇的结构打下基础。

4）提供学习支架,助力微观探析

支架式教学是为学习者建构对知识的理解提供一种概念框架,把复杂的学习任务加以分解,逐步引导学习者理解问题、完成任务。教师要创设符合学生实际的各类学习支架,如可以给学生提供物质的一些宏观性质,让学生通过这些宏观的性质,预测物质的微观结构,提高学生微观探析的化学学科核心素养。

"甲烷的分子组成和结构探究"中,搭建了史料学习支架、生活化用具学习支架等,调用学生的生活经验、学科知识背景,帮助学生理解结构探究的难点。"乙醇的分子结构"中,唤醒学生已有认知,搭建学习支架"甲烷分子组成的探究方法",让学生在此基础上完善乙醇分子组成的探究方法;提供相似相溶原理,以及乙醇常温下为液态、水常温下为液态等性质信息的学习支架,启发学生提出自己对于分子微观结构的大胆猜想,有利于培养学生微观思维和思考。

5）项目化学习,合作探究结构

项目化学习(Project-Based Learning,简称 PBL)让学生在真实情境的驱动性问题中,通过合作研究、探究以解决问题,教师在其中起指导和协作作用。在研究有机分子结构时,为了攻克微观结构的教学难点,教师可以采用项目化学习的方式,让学生通过小组合作探究结构。"乙醇的分子结构"中,教师提出驱动性问题,引导学生通过小组合作、查找资料,设计不同的方案来探究乙醇结构。有的小组提出了定性分析方法,有的小组提出了定量分析方法,有的小组通过查资料提出可以通过核磁共振氢谱、红外光谱、质谱等现代化手段去探究乙醇的分子结构……这些设计充分发挥了学生的自主能动性,在整个项目化学习研究的过程中学生学会了宏微结合分析、解决问题的思维方式,在课堂展示、共同评价中提升了科学认识,体现了能动性。

　　总之,有机物分子结构的探究是抽象的,但借助化学史料、定性定量实验、分子模型、学习支架等多种形式的学习工具,从宏观的性质实验及微观结构的双重角度去全面认识有机物分子,运用项目化学习、生活化导学等多种学习方式,引导学生展开分子结构的深入思考和研究,能够提升学生的化学学科核心素养。

二、"甲烷的分子组成和结构探究"教学案例研究

1. 教材分析

有机物教学是高中化学教学的重要内容之一,甲烷是最简单的有机物,对学生理解有机物有启发意义。本节课是甲烷的第二课时,第一课时是有机物简介及甲烷的性质,第二课时是甲烷的结构。《上海市高中化学学科教学基本要求》对甲烷结构的要求是"描述甲烷分子的空间构型",在学习指导中提出"比较甲烷、乙烯、乙炔、苯的结构特点和化学性质",而在课本"探究与实践"中,通过"问题-假设-实验测定-推论"的科学方法探究甲烷的结构,注重对学生科学探究素养和思维能力的培养,因此本课是培养学生科学研究能力的好素材。而结构与分子组成密不可分,通过实验设计法、模型法探究甲烷的分子组成和结构,对学生加深理解有机物的概念及结构、探究有机物结构的一般方法很有帮助,也为学生今后学习苯、乙醇等典型有机物的组成和结构做好铺垫,具有承前启后的作用。

2. 学情分析

1)知识基础

通过初中化学的学习,学生初步认识甲烷,知道甲烷的化学式、物理性质、用途(作为能源等),通过动手做实验定性研究甲烷的组成元素,但对其化学组成是否含氧元素、甲烷的结构如何缺乏认识。在高一的模块化学习中,通过前三个学程的学习,学生已经具有原子结构和物质结构的相关知识,掌握了电子式和结构式的书写方法,能从化学键的角度解释化学反应的本质;通过元素化学的学习,对"结构-性质-用途"之间的关系有了一定认识;通过第四学程定量实验的学习,学生初步掌握了定量实验设计的一般方法。通过甲烷第一课时的学习,对有机化合物的概念、甲烷的性质有了初步认识。

2)能力基础

通过高一前三个模块化学程的学习,学生具备一定的微观分析能力、分子结构分析能力、计算能力和实验能力,能应用原子结构和化学键分析分子的结构,能通过实验的方法定性、定量研究物质的组成和含量。但由于学生第一次学习有机物,对其结构还比

较陌生,加之空间想象能力、实验设计能力还比较薄弱,对甲烷的分子组成和结构进行科学探究有一定的困难。

3)心理特征

甲烷与生活息息相关,学生有一些生活体验。学生喜欢从熟悉事物入手学习新知识,对图片、实物、模型感兴趣,喜欢自己动手实践。有机物教学是高中化学中一个新的开始,学生的起点相同,对化学基础较薄弱的学生也是一个新的希望和新的挑战。

3. 教学设计

1)教学目标

◆ 知识与技能

(1)了解甲烷的用途。

(2)掌握甲烷的组成和空间结构。

◆ 方法与过程

(1)通过自主预习和讨论分析,了解甲烷的用途。

(2)通过探究甲烷组成的定性、定量实验设计,初步学会研究甲烷分子组成的方法。

(3)通过阅读历史、搭建模型、对比研究,提高信息分析、探究能力,初步学会甲烷空间结构的探究方法。

◆ 情感、态度、价值观

(1)学会关心社会、环境、能源等问题。

(2)激发科学探究的兴趣。

2)教学重点

甲烷的分子组成和结构

3)教学难点

甲烷结构的探究方法

4)教学技术与学习资源应用

◆ 教学技术:交互式电子白板、视频、动画

◆ 学习资源:化学研究历史资料、分子模型、实验装置

5)教学流程

教学流程如图 2-1 所示。

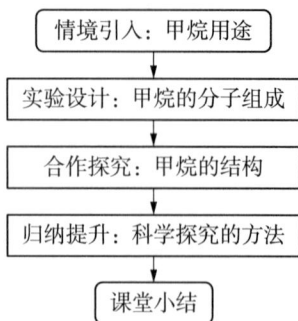

图 2-1　教学流程

6) 教学过程

【环节一】情境引入：神奇激趣

【引入】探险队在海底发现了一种神奇的"冰"——遇火燃烧。这种可燃"冰"是一种新的能源吗？今天我们一起来揭开它的神秘面纱。

设计意图：通过生活中甲烷的存在用途情境化导入，激发学生学习兴趣，培养学生"性质决定用途"的学科思想。

【环节二】探究组成：实验设计

【思考】(1) 常见的能燃烧的物质有哪些？一般燃烧的产物可能是什么？

　　　　——氢气、一氧化碳、甲烷等可燃烧，燃烧的产物有 CO_2、H_2O 等。

　　　　(2) 如何检验？

　　　　—— CO_2 用澄清石灰水检验，H_2O 用无水硫酸铜检验。

【评价】很好，大家的想法与探险队员不谋而合。

【实验1】探险队对燃烧产物进行了检验：将干燥烧杯罩在火焰上，有水珠生成。

　　　　　将另一个内壁蘸有澄清石灰水的烧杯罩在火焰上，澄清石灰水变浑浊。

【思考】请分析实验现象，得出结论。

　　　　——有水生成，可燃冰中含氢元素。

　　　　——澄清石灰水变浑浊，有 CO_2 生成，可燃冰中含碳元素。

【板书】$X \ + \ O_2 \longrightarrow CO_2 \ + \ H_2O$

【追问】(1) 产物中有氧元素，那可燃冰中有没有氧元素呢？

　　　　——无法确定。

　　　　(2) 为什么？

　　　　——产物中的氧元素可能来自于反应物氧气，也可能来自于可燃冰。

　　　　(3) 怎么办？

　　　　——化学反应遵循质量守恒定律，可设计定量实验。

【阅读历史】史料学习支架1：德国化学家、有机化学之父李比希于1831年提出了一种定量测定有机物中碳和氢元素含量的分析法：通过干燥剂分别吸收燃烧产物，测定质量。踏着科学家的足迹，我们一起来设计实验装置吧。

【思考】(1) 选择什么吸收剂分别吸收水、CO_2？选择什么装置？

——$CaCl_2$ 吸收水（干燥管），碱石灰吸收 CO_2（干燥管）。

(2) 吸收产物水和 CO_2 的先后顺序可以调换吗？

——不能，碱石灰吸收 CO_2 的同时也能吸收水。

(3) 你觉得李比希的实验装置完善吗？

——不完善，反应后还需加一个装碱石灰的干燥管，防止空气中的水和 CO_2 进入。

【评价】不错，科学是不断进步发展的，我们要用科学家的视野、发展的眼光来看待事物。

【实验2】探测小队提纯了可燃冰逸出的某种气体 A，在标准状况下，测得气体密度为 $0.717\,g/L$。

【数据分析】由密度如何计算相对分子质量。

【计算】(1) 气体 A 的式量_____。

——$M = \rho V_m = 16$

【实验3】探测小队取 $2.24\,L$ 该气体与足量氧气充分燃烧后，将生成的气体先通过无水氯化钙，再通过氢氧化钠溶液，测定反应前后的质量变化，前者质量增大 $3.6\,g$，后者质量增大 $4.4\,g$，经元素分析测定无其他产物。

【数据分析】(1) 氯化钙为什么质量增大？

——吸收产物水 $3.6\,g$。

(2) 氢氧化钠溶液为什么质量增大？

——吸收产物 CO_2 $4.4\,g$。

【学生计算】气体 A 的组成元素_____。

气体 A 的分子式_____。

【学生分析】由质量守恒，有 C、H，无 O

【教师分析】方法一：$n_{(A)} : n_{(C)} : n_{(H)} = 1 : 1 : 4$，则 A 的分子式为 CH_4。

方法二：$n_{(C)} : n_{(H)} = 1 : 4$　得最简整数比，即最简式 CH_4。

由式量为 16，得分子式为 CH_4。

【评价】很棒，通过实验数据分析，科考队员发现原来神奇的"冰"中蕴含了甲烷。

【小结】请总结分子组成研究的一般方法。

——取样-提纯-燃烧：定性、定量实验确定是否有 C、H、O 元素-相对分子质量-原子个数比-分子式

【板书】甲烷的分子组成：定性：含有 C、H

CH_4　　定量：不含 O

设计意图：关注学生已有的知识背景，调动学生已学过的氢气、甲烷等气体的燃烧等知识，引出甲烷燃烧的定性实验；然后通过史料学习支架的学习，解读分析定量探究物质组分的实验的化学史，初步建立分子组成的定量探究思想；再到定量计算甲烷气体的分子组成，逐步深入、体验宏观性质对有机物分子组成的探究作用。

【环节三】探究结构：模型搭建

【过渡】通过定性定量实验研究发现，原来可燃冰就是甲烷和水结合形成的晶体。那么甲烷的结构如何呢？

【思考1】写出甲烷的电子式和结构式，分析甲烷分子结构特点。

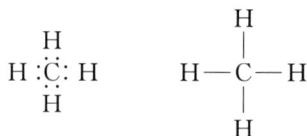

——碳原子周围有 4 对共用电子对，即 4 根共价键。

【思考2】甲烷的空间结构可能是怎样的呢？

【合作研究】用泡沫黑球(代表碳原子)、泡沫白球(代表氢原子)和牙签(代表共价键)搭出你猜想的甲烷分子结构。

【学生动手搭模型】

【展示汇总】你搭了几种模型？你觉得哪种是合理的？为什么？

——可能有几种情况：平面、立体。

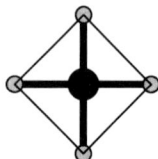

正四面体结构　　　平面正方形结构　　　四棱锥结构

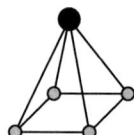

【阅读历史】史料学习支架2：近代科学家道尔顿、凯库勒、布特列洛夫等都对甲烷结构进行了大胆猜测和探究，特别是首届诺贝尔化学奖得主范特霍夫提出了碳原子四

面体结构,他经常站到哲学高度来窥视大自然的奥秘。

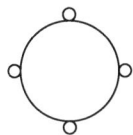

$$\begin{matrix} H \\ H \\ H \\ H \end{matrix} \Big| C$$

碳原子
四面体结构

【分享交流】结合模型,谈谈你的想法,你觉得哪个结构最合理?

——正四面体结构比较合理,氢原子均匀地分布在碳原子周围的空间,趋向于最小能量的状态。

——对比结构:正四面体中氢原子相距最远(键角为 $109°28'$)。

【过渡】那么,我们的猜想是否科学呢? 你能从实验事实寻找证据吗?

【思考】(1)微观结构与宏观性质之间存在什么关系呢?

——微观结构决定性质,性质体现结构。

(2)甲烷有哪些化学性质?

——可燃性,稳定性,能发生取代反应。

(3)甲烷与氯气的取代产物有哪些?

——一氯甲烷、二氯甲烷、三氯甲烷、四氯甲烷。

【过渡】甲烷与氯气光照取代反应能给结构提供什么有价值的线索呢? 有科学家用产物 CH_2Cl_2 成功地研究反应物甲烷的结构。下面我们一起来体验一下这个研究过程。

【搭建模型】用绿色小球(代表氯原子)替换模型上的白色小球(代表氢原子),搭出二氯甲烷的结构模型。

学习支架:不同颜色的泡沫小球、牙签等生活化的学习工具。

【交流展示】正四面体结构的 CH_2Cl_2 分子只有 1 种,而平面结构和四棱锥结构的 CH_2Cl_2 分子都有 2 种。

【质疑】有什么困惑吗?

—— CH_2Cl_2 结构到底有几种?

【展示信息】查阅化工词典,实验测定:二氯甲烷的熔点或沸点只有一个数据,说明只有一种二氯甲烷

【结论】猜想与科学数据吻合,甲烷结构为正四面体。

【板书】甲烷的结构

　　　　4 对

　　　　　共价键

　　　　　正四面体

【思考】大家小时候都玩过气球吧,如果我们用气球模拟 4 根共价键,它们在空间的

分布如何呢？

【展示】气球模型。

【观察】4个气球自然状态是什么形状——四面体。

【结论】通过气球模拟,甲烷结构最自然的状态应是正四面体(共用电子对空间尽量远离,均匀分布比较合理)。

学习支架:近代,科学家通过X射线、电子衍射仪等科学实验证实,甲烷4个C—H键的长度(键长)和强度(键能)相等,键角也相等,均为109°28′。

【展示】甲烷的球棍模型、比例模型、理解模型、投影式。

【思考】(1)球棍模型和比例模型有什么不同?

——球棍模型用短棍反映出化学键,比例模型反映了原子的相对大小。

(2)如何理解甲烷的正四面体结构?

——中心为碳原子,4个氢原子位于正四面体的顶点。结构式就是空间结构在平面上的投影。

【小结】以上就是我们对甲烷分子结构认识的三个角度——碳周围4对共用电子对、共价键、空间构型,也是我们今后认识其他有机物分子结构的三个角度。这三个角度也是相互关联的,碳原子为了达到稳定,形成4对共用电子对,表现在甲烷分子中就形成了4根C—H共价键,而共价键的相互排斥就形成了正四面体的空间结构。

设计意图:结构探究是难点,从分子组成大胆猜测结构,然后通过实验事实寻找证据、验证猜测,培养学生的"宏观辨识与微观探析"的学科思想。而模型法借助学具,使抽象结构形象化,通过学生动手搭建模型,在学科背景知识 sp^3 杂化轨道的指导下,自制泡沫小球教具,让学生自主探究结构模型,体验结构的探究历程。

【环节四】归纳提升:质疑总结

【结论】科学需要我们大胆猜想,小心求证。请总结科学探究的一般方法。

——发现问题-提出假设-实验验证-得出结论。

【思考】在甲烷的四种氯代产物中,我们选择了二氯甲烷作为研究对象,证明了甲烷是正四面体结构。对这个探究的体验你还有什么疑惑吗?

——为什么选择二氯甲烷的结构作为研究对象,而不选一氯甲烷或者三氯甲烷呢?

——无论哪种结构,一氯甲烷和三氯甲烷、四氯甲烷都只有1种,无差异。

【搭建模型】分组搭建模型:一氯甲烷、三氯甲烷、四氯甲烷的结构。

——都只有1种。

【评价】很好,科学就是需要不断质疑,大胆假设,不断求证。

【思考】(1)推测 CF_2Cl_2 分子有几种?是什么结构?

——1种,四面体。

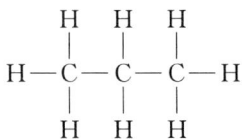

$$\begin{array}{c}
\quad\; H \quad\; H \quad\; H \\
\quad\; | \quad\;\; | \quad\;\; | \\
H-C-C-C-H \\
\quad\; | \quad\;\; | \quad\;\; | \\
\quad\; H \quad\; H \quad\; H
\end{array}$$

（2）丙烷 C_3H_8 的 3 个碳原子在一条直线上吗？

设计意图：归纳总结科学探究的一般方法，对有机物分子组成和结构的探究方法进行升华，鼓励学生大胆质疑、科学求证，培养创新意识和探究精神。

【过渡】通过今天的探究，我们又学习了甲烷的一种存在形态——可燃冰，下面我们来看一段可燃冰的新闻报道。

【观看视频】可燃冰——一种新型能源。

【小结】可燃冰是未来能源的希望。但它的开采和利用还有很多技术瓶颈，期待大家去不断探索、解决问题，用科学知识造福人类。

【环节五】课堂小结：方法总结

【课堂小结】美好的时光总是很短暂，通过今天的学习，我们一起踏着科学家的探究之旅，探究了如何通过定性、定量实验法研究有机物的分子组成，通过模型法大胆假设、探究甲烷的结构。科学研究给了我们很多启发，还有待我们继续实践。

【环节六】作业布置：分层设计

必做：《学案》[基础训练]。

选做：（1）《学案》[挑战提高]。

（2）查阅文献，小结"科学研究有机物结构的一般方法"。

【总结】我们今天的研究只是冰山一角，四面体结构是有机物的基本结构，甲烷的（组成）结构-性质-用途是我们今后学习有机化合物的一把金钥匙，愿大家用它创造更美好的生活。

4. 教学反思

甲烷是最简单的有机物，对学生理解有机物有启发意义。本节课以学案导学模式，以甲烷的分子组成和结构探究为主线，采用教师引导，学生合作探究、自主学习的方法进行教学。环节一，情境激趣：情境引入，引入探究主题，激发兴趣。环节二，实验设计：通过定性、定量研究甲烷的分子组成，归纳研究有机物组成的一般方法。环节三，合作探究：通过模型法，学生动手拼插甲烷立体结构，体会科学研究的过程，激发创新思维。环节四，归纳提升：通过学生总结一般方法，从感性认识到理性认识，培养探究意识和探究精神。环节五，课堂小结：通过师生共同总结本节课学习的知识、方法，提升学科素养。

总之，本节课以学生发展为本，教师引导，学生自主、合作探究，借助模型进行结构探究;整合教学资源,充分挖掘化学学科内涵,如微粒观、定量实验观等,激发学生潜能;激励学生在知识应用中感受化学与生活的紧密联系,关注社会、爱生活、爱科学,渗透学科德育。

甲烷是学生在化学学习中第一个系统研究的有机物,其结构的学习方法对以后有机物结构的学习有着很好的启迪作用。教师要充分研究学情,借助学生已有的生活经验、知识,以学生发展为本,挖掘学科背景知识来设计教学,架设学习支架,引导学生采用自主学习、相互讨论、对比研究、归纳总结、巩固提升等学习方法来建构甲烷的分子组成和结构,初步形成有机物的分子组成和结构探究的一般方法。

1) 重温历史探究方法,史学角度探究结构

爱因斯坦说,科学是"探究意义的经历"。历史材料(见图2-2)是很好的学习支架,重现历史,解读科学家的探索之路,让学生站在巨人的肩膀上,审视甲烷结构的探究历程,对学生来说不仅仅是读一段化学史,也是一次史学观和研究方法论的熏陶,更能感受到化学研究物质结构的乐趣,培养学生化学学科核心素养。

图2-2 科学家对甲烷结构的早期研究

2) 实验设计探究组成,提升宏观探究素养

实验是化学重要的研究手段和基本方法。搭建实验类学习支架,从初中定性实验研究甲烷的组成元素,到高中定量实验研究甲烷的分子组成,是研究方法的提升,如图2-3所示。以定量实验方法和仪器设计的历史解读,到数据分析计算,学生可直观感悟定量实验的魅力,培养"科学探究与创新意识"的化学学科核心素养。

3) 模型搭建探究结构,微观认知分子结构

模型法能帮助学生提高思维能力和空间想象能力。通过不同颜色的泡沫小球、牙

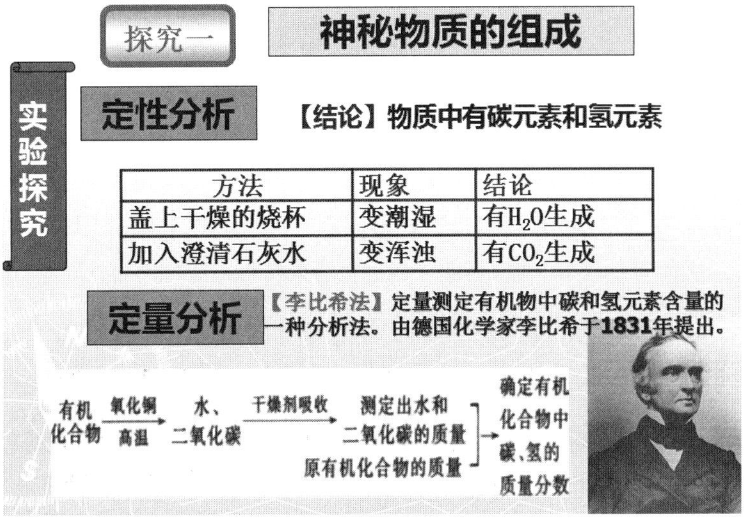

探究一　**神秘物质的组成**

实验探究

定性分析　【结论】物质中有碳元素和氢元素

方法	现象	结论
盖上干燥的烧杯	变潮湿	有H_2O生成
加入澄清石灰水	变浑浊	有CO_2生成

定量分析　【李比希法】定量测定有机物中碳和氢元素含量的一种分析法。由德国化学家李比希于**1831年**提出。

有机化合物 →（氧化铜/高温）水、二氧化碳 →（干燥剂吸收）测定出水和二氧化碳的质量、原有机化合物的质量 → 确定有机化合物中碳、氢的质量分数

图2-3　甲烷结构的定性、定量实验探究

签等生活化的学习工具的创造性使用,学生充分发挥想象能力,自主搭建甲烷结构,激发了创新思维能力。结合科学实验等信息分析,借助分子模型进行筛选,从而确定甲烷的空间结构,可以让学生感受甲烷分子的空间结构探究历程,以甲烷为代表对科学研究有机物的结构建立初步认识,提高"证据推理与模型认知"的化学学科核心素养,为以后更深入地认知有机物微观结构打下基础。

总之,本节课通过甲烷的性质来探究甲烷的分子组成和结构,对今后学习苯、乙醇等典型有机物的组成和结构做好铺垫,具有承前启后的作用。但这是学生第一次学习有机物结构,学生对学习内容还比较陌生,空间想象能力较差,以后还要不断提升学生的空间思维能力。

（本教学案例研究由上海市奉贤中学张莉撰写）

三、"乙醇的分子结构"教学案例研究

1. 问题的提出

《普通高中化学课程标准(2017 年版)》要求教师确立"素养为本"的教学理念,积极开展"素养为本"的课堂教学行动研究,化学核心素养是学生发展核心素养的重要组成部分,是学生通过学习逐渐形成的正确价值观念、必备品格和关键能力。有机分子结构的探究在化学教学中占有重要的地位,通过定性及定量实验设计,能有效地的培养学生分析问题、解决问题的能力,更好地让学生体验科学探究的过程,结合实验研究来达到培养学科核心素养的目的。项目化教学法能让学生真正地学到知识与技能,开拓学生的视野,锻炼学生的操作能力、交际能力、协作能力等,以适应社会需求。"乙醇的分子结构"是有机分子结构探究重要的组成部分,传统的课堂一般都是教师提出问题,然后告知学生其结构探究的一般方法。学生在烃的学习过程中已经初步了解了分子结构探究的一般过程,所以本节课采用项目化学习,让学生通过合作学习自主设计研究方案,体验科学探究的一般过程,培养"宏观辨识与微观探析"等核心素养。

2. 设计思想

1)教材分析

乙醇的分子结构是沪科版《化学》高二第二学期第十二章《杜康酿酒话乙醇》中的内容,在本节内容之前,学生已经学习了烃的相关知识,对有机分子的结构的探究已有一定的认识。在本节内容之后,还要通过结构中的官能团来学习乙醇的相关化学性质。所以本节课采用项目化教学策略,让学生分组,自主设计探究乙醇分子结构的方案,体验科学探究的一般过程,通过模型构建、实验探究认识乙醇的结构,为下节课学习乙醇的性质打下相应的基础。

2)学情分析

知识技能方面:学生已经学习了甲烷、乙烯、乙炔、苯的性质,对有机分子的结构已有一定的认识,已经初步体验了结构决定化学性质的思想。初中化学已经简单了解了乙醇的用途,但没有从组成和结构角度认识其性质、存在和用途。通过定量实验的学习,学生初步掌握了定量实验设计的一般方法。

学习方法方面:学生具备一定的微观分析能力、分子结构分析能力、计算能力和实验能力,能通过实验的方法定性、定量研究物质的组成和含量,通过烃的学习了解了学习有机物知识的基本方法。

3) 设计思路

基于上述教材分析及学情分析,进行以下设计:采用项目化教学模式来探究乙醇的分子结构,用若干个微项目问题作为项目载体,重构学习任务,通过学生合作学习、问题探究学习、实验探究学习等方式,让学生体会、掌握乙醇分子结构的科学探究过程,培养学生严谨的科学态度。其教学流程如图2-4所示。

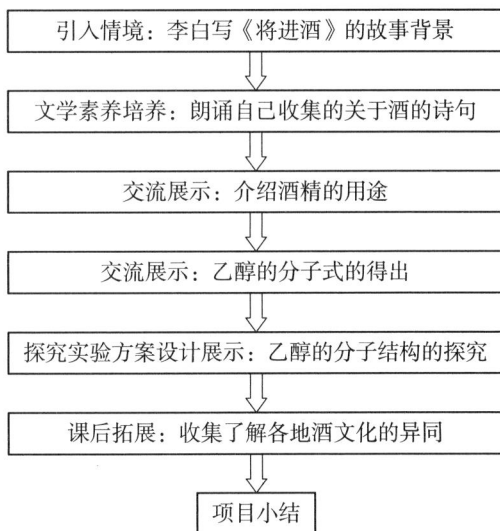

```
┌─────────────────────────────────────┐
│ 引入情境:李白写《将进酒》的故事背景 │
└─────────────────────────────────────┘
                  ↓
┌─────────────────────────────────────┐
│ 文学素养培养:朗诵自己收集的关于酒的诗句 │
└─────────────────────────────────────┘
                  ↓
┌─────────────────────────────────────┐
│ 交流展示:介绍酒精的用途 │
└─────────────────────────────────────┘
                  ↓
┌─────────────────────────────────────┐
│ 交流展示:乙醇的分子式的得出 │
└─────────────────────────────────────┘
                  ↓
┌─────────────────────────────────────┐
│ 探究实验方案设计展示:乙醇的分子结构的探究 │
└─────────────────────────────────────┘
                  ↓
┌─────────────────────────────────────┐
│ 课后拓展:收集了解各地酒文化的异同 │
└─────────────────────────────────────┘
                  ↓
        ┌─────────────┐
        │ 项目小结 │
        └─────────────┘
```

图2-4　"乙醇的分子结构"教学流程

3. 教学过程

1) 入项活动:启动项目任务,建构知识能力

【环节一】启动项目任务:引入学习项目,明确项目驱动性问题和研究任务。

唐玄宗天宝初年,李白由道士吴筠推荐,由唐玄宗招进京,为供奉翰林。不久,因权贵的谗毁,于天宝三载(744年),李白被排挤出京,唐玄宗赐金放还。此后,李白在江淮一带盘桓,思想极度烦闷,又重新踏上了云游祖国山河的漫漫旅途。李白作此诗时距被唐玄宗赐金放还已有八年之久。这一时期,李白多次与友人岑勋(岑夫子)应邀到嵩山另一好友元丹丘的颍阳山居为客,三人登高饮宴,借酒放歌,得千古名作《将进酒》。李白写酒的诗句有很多,你知道的有哪些呢? 酒的主要成分是什么? 酒的用途有哪些? 酒的分子结构是什么? 我们怎样探究出乙醇的分子结构呢?

【环节二】实践探究：分组合作探究上述驱动性问题。

根据上面的问题让学生分组合作，课前完成以上问题，并初步完成相应的探究报告

【环节三】方案设计展示制作：根据探究报告制作相关PPT。

设计意图：通过李白创作《将进酒》的历史背景的介绍，既培养了学生的人文情怀，又激发了学生的学习兴趣，也自然而然地引出了本项目的本质问题——分析乙醇的分子组成及结构。明确本质问题后，让学生课前分组研究，培养学生的"宏观辨识与微观探析""证据推理与模型认知""科学探究与创新意识"等核心素养。

2）课堂展示评价：分组展示相关成果，进行评价

【环节一】文学素养培养：交流展示收集的关于酒的诗句，引出本节课内容。

【环节二】化学联系生活：交流展示酒精的用途。

【环节三】乙醇分子式探究方案：提供学习支架，回顾甲烷分子组成的探究方法，根据其设计实验方案，交流展示乙醇分子组成探究方案。

定性分析：乙醇可以燃烧，其燃烧产物能使无水硫酸铜变蓝，使澄清石灰水变浑浊，证明其一定含有 C，H 两种元素。

定量分析：其蒸气的密度是同温同压下氢气的 23 倍，2.3 g 该物质完全燃烧后生成 0.1 mol 二氧化碳和 27 g 水，通过计算推断出一定含有 O 元素，其分子式为 C_2H_6O。

设计意图：通过展示收集的酒的相关诗句，培养学生的文学素养，也能激发学生对本节课的学习兴趣；介绍乙醇的用途，体现了化学联系实际的思想，为后续教学打下基础；定性及定量实验的设计能更好地让学生熟悉探究有机物分子式的一般过程，培养学生的"宏观辨识与微观探析""科学探究与创新意识"等核心素养。

【环节四】分子模型构建：交流展示学生自己搭建的乙醇的分子结构模型。

搭建模型得出 C_2H_6O 的可能结构式：

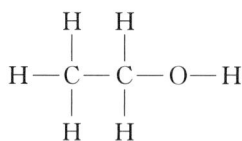

A式

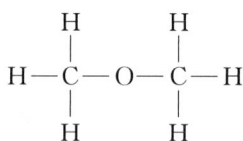

B式

【环节五】分子结构探析：交流展示探究乙醇分子结构的方法。

学生根据教师提供的支架及自己搭建的结构，提出自己的猜想。

支架一：水常温下为液态，因为水分子中的 O—H 键能形成氢键，乙醇常温下也是液态的，提出你的猜想。

猜想：联想水的结构，水分子中的 O—H 键能形成氢键，沸点比较高，常温为液态，乙醇常温也是液态，可以猜想出乙醇的结构式为 A，因为 A 结构中也有 O—H 键。

支架二：根据相似相溶原理，提出你的猜想。

猜想：联想水的结构，水分子中有 O—H 键，A 式分子中也有 O—H 键，由于水与乙醇是互溶的，根据相似相溶原理，可以猜想出乙醇的结构式为 A 式。

学生设计方案验证自己的猜想。

方法一：定性实验初步验证。

分析两式化学键类型，A 式中有 5 个 C—H 键，1 个 C—O 键，1 个 O—H 键，有 1 个 H 原子与其他 5 个 H 原子不同；B 式中有 6 个完全相同的 C—H 键，2 个 C—O 键。

联想：与金属钠有关。

若是 A 式结构，应该具有与水相似的性质，如能与金属钠反应。若是 B 式结构，C—H 键与烷烃类（如煤油）中的 C—H 类似，则乙醇与金属钠不反应。

进行金属与钠的实验，并书写化学方程式。记录实验现象。

方法二：定量实验进一步验证。

已知无水酒精的密度为 $0.789\,\mathrm{g/cm^3}$，又 $2.9\,\mathrm{mL}$ 酒精反应完全后（钠过量），收集到气体 $557\,\mathrm{mL}$（标准状况下）。则 1 个乙醇分子中能被钠置换出的氢原子为多少个，由此可确定乙醇的结构式是怎样的。

数据处理：$1\,\mathrm{mol}$ 乙醇与过量钠反应时收集到 H_2 为 $0.5\,\mathrm{mol}$。

说明：每个乙醇分子中有 1 个 H 原子与其他 5 个 H 原子不同。

方法三：科技的力量。

运用现代科学手段，比如红外光谱法或者核磁共振氢谱法区分判定乙醇的结构。

【环节六】评价与修订：小组互评，教师点评，讨论研究完善相关方案。

【环节七】课后拓展：收集了解各地酒文化的异同

设计意图：通过分子模型构建，能培养学生动手、动脑和空间想象能力；通过分子结构探析的过程，学生自主设计研究方案，展示成果，体验科学探究的一般过程；通过定性及定量实验的设计思考，培养学生科学严谨的态度及分析问题、解决问题的能力。小组互评环节既能培养学生的表达能力，又能检验学生对知识的理解程度及掌握程度。这几个环节的设计还能培养学生的"宏观辨识与微观探析""证据推理与模型认知""科学探究与创新意识"等核心素养。

3）探究反思

根据课堂反馈及教师评价，修改完善探究报告。

4. 教学反思

1）项目化学习，拓宽合作学习方式

教师不只是传授学生知识，还要教会学生分析问题、解决问题的能力。课堂上教师教授的知识是有限的，但生活中的知识是无限的。项目化学习能让学生充分利用课下的时间,通过查资料及小组合作提出不同的探究乙醇分子组成及结构的方法,让学生真正地学到知识与技能,开拓学生的视野。课堂上让学生分组展示自己的探究成果,培养了学生的操作能力、交际能力、协作能力等。

2) 独立设计递进完善,体验分子结构的探究历程

科学探究是解决实际问题的重要手段,让学生独立自主地设计实验方案,不只是注重结果,更重要的是体验探究的过程。通过定性实验、定量实验等研究方案的提出,学生既能了解科学探究的艰辛,又能培养思考问题、分析问题、解决问题的能力,整个过程中还能有效地培养相关的学科核心素养。

3) 合作交流,共同探究分子结构

课外组织学生合作研究,课上组织学生交流展示,整个过程赋予全体学生充分参与的机会与权利。学生课堂上展示各自的探究方案,从而总结出探究有机物分子组成及结构的一般方法,整个过程有利于培养学生的交际能力,有利于学生自我意识的形成和发展,让学生能够获得类似科学研究的体验和技能,进而培养合作能力和团队精神。

(本教学案例研究由上海市奉贤中学郭军撰写)

四、专家点评

本章内容基于学科知识本原,对有机物分子组成及结构进行探究设计,主题和教学内容高度集中,探究精神浓厚,分析到位,表现了教师的教学功底。具有以下几个特点:

(1) 充分利用原有化学知识和化学资源建构新的知识,回归化学本原。如:"甲烷的分子组成和结构探究"注意利用了初中已学知识,初中生已知 H_2 和 CO 两种气体的燃烧产物(产物仅为 H_2O 的气体一定是 H_2,产物仅为 CO_2 的一定是 CO);已知甲烷完全燃烧的产物是 H_2O 和 CO_2,但未能证明甲烷是否含氧元素。在此基础上,张莉老师将 H_2、CO、CH_4(乃至以后的 CH_3OCH_3、CH_2O 等气体)的定性与定量燃烧组成系列进行讲授,这种有章可循的"建构"不可多得。

(2) 尊重历史,注重化学史的学科探究精神教育。如:"甲烷的分子组成和结构探究"专门介绍了德国化学家李比希创立的有机物组成燃烧分析法和首届诺贝尔化学奖得主范特霍夫的关于甲烷正四面体结构假说(均发生在 19 世纪),让学生接触了化学史和化学家,同时处理得自然得体(没有硬贴的感觉),因为这两个历史事件与本课的两项主要内容正好贴切。

(3) 注重知识之间的关联、类比。如:"乙醇的分子结构"将乙醇与水的分子结构和性质作了类比——水是"零醇"、两者都含羟基、都容易形成氢键,以此说明乙醇的高沸点和可溶性,并与二甲醚作对照,这也体现了充分利用原有知识构建新知识的初衷。

(4) 注重学科前沿知识的拓展。如:"乙醇的分子结构"让学生了解某些现代科学检测与分析的方法,拓展学生视野。

(上海市特级教师、正高级教师　郑胤飞)

第三章

聚焦变化观念与平衡思想的
教学设计的思考与实践

"变化观念与平衡思想"作为中学化学核心素养的重要内容,其内涵为"认识物质是在不断运动的,物质的变化是有条件的;能从内因与外因、量变与质变等方面较全面地分析物质的化学变化,关注化学变化中的能量转化;能从不同视角对纷繁复杂的化学变化进行分类研究,逐步揭示各类变化的特征和规律;能用对立统一、联系发展和动态平衡的观点考察分析化学反应,预测在一定条件下某种物质可能发生的化学变化"。学生对化学知识的学习和认识从新授课开始,因此新授课应该成为培养学生变化观念与平衡思想的主阵地。

一、研究背景与教学策略

1. 研究背景

学生学习化学知识始于新授课。实验证明,错误的概念不能被置换或是重新组织,而只是被一定程度地抑制,由此可见新授课的教学非常重要。在新授课中,如果不能让学生形成对知识的正确理解,即使以后花费较多的时间和精力去弥补,也很难取得理想的教学效果。

中学生学习化学最大的感受就是"变化",这个"变化"就是化学变化吗?"化学反应"成为学生学了化学之后经常说的一个词。教师要充分利用学生的这种认识,培养学生的变化观念与平衡思想。当化学反应成为学生在化学课堂上的口头语时,意味着学生对化学反应已经形成了一种比较好的直觉性认识,这种直觉性认识是变化观念培养的基础。

化学学科核心素养视角下的变化观念,强调的是在变化基础上培养学生的观念。变化是化学学科中的基本现象,观念是学生对化学变化的基本判断依据。化学变化中的平衡思想是一个非常重要的理念性认识,绝大多数初中学生在开始学习化学时最感兴趣的是发生变化的化学现象,而平衡思想却意味着在"变"的当中存在着"不变",正是"变"与"不变",使得化学学科表现出与其他学科不同的魅力。对于变化观念与平衡思想的培养,教师需要在教学中寻找相关的素材。

2. 教学策略

现阶段,有关中学生核心素养的基本理念不断发展,这需要教师在日常教学过程中,采取有效的教学策略,积极发展学生在课堂中的主体地位,并利用理论联系实际、小组合作交流等多元化的教学途径,有效培养学生的变化观念与平衡思想,从变化与平衡相协调的角度对化学反应进行分析,并解决实际的问题,为学生的化学学习建立基本发展条件。

1）注重循序渐进,促进变化生成

考虑到学生对于变化观念与平衡思想较为陌生,教师应当采取循序渐进的教学模式,逐步为学生增加学习任务难度,让学生在能力范围内不断接受新的知识,以此来不断激发学生的学习兴趣,有效保护学生的自信心,避免因所学知识难度过高而使学生产生负面情绪,从而不利于日常学习过程的顺利进行。例如,在学习"水的性质"这一知识点时,通过实验让学生了解向水中通入二氧化碳能够生成碳酸,再将碳酸加热,碳酸又分解得到二氧化碳和水。从这个过程中学生能认识到,化学变化原来是可逆的,改变条件还可以改变化学变化的方向。

2)注重科学探究,促进素养培养

科学探究包括实验探究、问题探究等,实验探究是化学教学一种重要的手段。在化学教学中要注重培养学生的实验操作能力、实验分析能力、实验调控能力及实验思维能力。问题探究是根据教学或者生活中的事例提出问题,以启发学生的学习,激发学生的学习积极性。在新授课中可以借助科学探究的方式来培养学生的探究精神。探究性教学策略倡导从社会和学生发展需要出发,激发学生的创新意识和主动性,使学生主动地学习,通过实验等来体验科学探究活动,激发学习化学的兴趣,学会科学探究的方法,逐渐形成科学探究的能力。

例如"质量守恒定律"这节课,质量守恒定律是对于化学反应前后物质质量的变化规律而言的,由于学生生活经验中许多事例看上去并不能反映质量守恒,使得这一内容的教学有了更多的挑战。从学习心理的角度来看,当学生接触到的事例看上去并不能反映质量守恒的时候,反而是一个较好的教学契机。教师不能简单地告诉学生"化学反应中质量是守恒的",而是该让学生在探究的过程中,通过实验分析归纳出这个结论。当然,作为探究性的实验,理应让学生自己选择装置、药品。对于产生气体的反应,有些学生由于使用了密闭的装置,他们认为化学变化前后质量是守恒的,有些小组由于在敞口的装置中进行这个实验,他们会认为在化学变化前后质量是有变化的。这时候学生的认知出现了冲突,学生的学习动力就会被激活,从而让学生在构建质量守恒定律的过程中形成变化观念与平衡思想。

3)注重联系实际,感受变化观念

20世纪初,美国教育家杜威提出了"教育即生活"教育理论,指出教育应该与生活相结合。在杜威的影响下,教学生活化成为课改的趋势。新课标要求化学教学关注学生的生活生产经验、兴趣和自身发展,使枯燥的自然科学内容在现实生活中得到体现,启迪学生对现实生活进行细致的观察和思考,提高解决实际问题的能力。这促使化学教学要密切联系实际、更加生活化,尤其是新授课的教学。

初、高中学生以形象思维为主,对于形象的知识识记能力强,学习化学的兴趣主要来源于直接兴趣。教师应该利用这些认知特点,在课堂教学中实现化学教学生活化,将化学与生活密切联系,使学生的生活体验和社会经验更丰富。在化学新授课中教师可以深入挖掘学生的知识储备,以学生熟知的身边事物、素材等搭建知识平台,引导过渡到学科知识、系统理论,从而有效调动学生的积极性,改变他们的学习态度,使他们更自觉、更主动地获取知识，从而大大地提高课堂效率。

教学生活化该怎么做呢？教师可以从学生熟悉的现实生活导入化学知识，使化学知识和化学教学过程生活化。例如"影响化学反应速率的因素"这节课，教师以这样的情境导入：溶洞，烟花，食物在夏天的腐败，食物在冬天的腐败，等等，让学生分析哪张照片中反应速率最快。教师选择学生熟悉的、真实的生活情境，学生感同身受，产生情感上的共鸣。

教师还可以将实验教学生活化。实验探究是化学教学中一种重要的手段，生活中的化学实验无处不在。要实现实验教学生活化，就要求教师擅于将生活中的实验运用到课堂中。例如"水的性质"这节课，教师借助于自热食品中的发热剂，来研究水和氧化钙的反应。学生先观察发热剂溶于水的现象，再通过向滤液中吹气来证明水和氧化钙能反应。实验生动有趣，在家里也能完成。学生积极思考并通过自己的努力去解决相关具体问题，身临其境地感知学习的意义，激发学习兴趣，不断获得学习的幸福和自豪感，最终达到教师所期望的提高学业水平的目的。

4）营造教学情境，激发平衡兴趣

随着科学技术的不断发展，多媒体教学手段正逐渐在初中课堂中得到广泛应用。初中阶段的学生对于网络媒体的依赖性较强，如果在教学过程中应用多媒体设备，就能够在产生良好教学效果的同时贴合学生的发展特点，有效促进教学过程的顺利开展。特别是涉及培养学生变化观念与平衡思想的相关内容，如果教师仅采用口头描述，则会导致学生无法对抽象性的知识产生明确的了解与认识。教师可以充分利用多媒体设备的直观表达，让抽象知识变为具体化，并通过营造良好的教学情境，有效激发学生的学习兴趣，从而为培养学生的化学核心素养打下坚实基础。例如，在教学"溶解现象"一章时，书本上的生硬知识无法使学生对相关知识产生深入理解与掌握由此教师可以利用多媒体设备，为学生播放有关物质溶解具体过程的视频内容，让学生能够通过形象化的直观感受，深刻了解发生溶解时物质不断变化直至达到溶解平衡状态，从而有效激发学生的学习兴趣，让学生从主观上培养自身的变化观念，对物质的溶解过程产生直观性的认识，促进学生对基本知识的理解与掌握，帮助他们培养自身的变化观念与平衡思想，为日后的化学学习提供有利条件。

总之，根据新授课的特点，我们提出了相应的教学策略，通过科学探究，可以激发学生的创新意识和主动性，激发学习化学的兴趣，慢慢形成科学探究能力；通过合作型学习，能充分发挥并挖掘每个学生的潜力，充分发挥每个学生的优点，让学生在学习中能够取长补短；通过生活化教学，能引导学生对现实生活进行细致的观察和思考，提高解决实际问题的能力；通过优化学习方式，学生能利用已有的知识与技能，自主发现并获得新知识，思维更积极、更活跃，印象也更深刻。

二、"水的性质"教学案例研究

1. 问题的提出

《普通高中化学课程标准(2017年版)》要求教师确立"素养为本"的教学理念,倡导通过真实问题情境的创设,开展以化学实验为主的探究活动。在初中物质化学的学习过程中,学生能够逐渐形成"变化观念与平衡思想""证据推理与模型认知""实验探究与创新意识"等素养。

传统的教学中,学生学习物质化学仍停留在物质的组成、结构、性质和变化规律等知识层面,学习方式以接受学习为主。这种学习方式,教师掌控着学习的主动权和学习过程,学生被动地接受物质的性质、用途及相关化学方程式的书写,对所学内容难以留下深刻的印象,学过就忘,科学探究能力也得不到发展和提高。长此以往,学生也会失去学习化学的兴趣。

物质化学作为发展学生化学学科核心素养的重要载体,可以帮助学生形成未来发展需要的正确价值观、必备品格和关键能力。在物质化学的教学中,接受学习的学习方式显然并不符合"素养为本"的教学理念。而发现学习是以学生为主体,由学生提出问题,然后经过分析和实验操作,再归纳得出结论。发现学习更适合物质化学学习,有利于核心素养的培养。

在物质化学的教学中应如何进行发现学习呢? 以下通过"水的性质"这节课阐述帮助学生建立以发现学习为主的研究物质性质的思路和方法。

2. 设计思想

1) 教材分析

(1)教材内容、地位及作用。

本节课是沪教版《化学》九年级第三章第一节《水》的一部分教学内容。本节内容包含天然水和自来水、水的组成和水的性质,本节课是第二课时内容。学生在第一课时认识了水的组成,本节课保持了知识的结构性与教材内容的系统性。本节课建立在学生已学习氧气性质的基础上,学生对如何研究物质的性质有了初步的认识。通过本节课的学习,学生能够亲历实验探究,形成"变化观念与平衡思想""证据推理与模型认知"

"实验探究与创新意识"等核心素养。本节课也可以为后续学习碳、一氧化碳、二氧化碳、碳酸钙等相关物质的性质打下基础。因此,本节课是物质化学学习中的重要内容。

（2）教材内容的处理。

本节课教材中安排了两个实验,分别是生石灰和水、硫酸铜和水的反应,而探究水和二氧化碳的反应实验是第四章的内容。学生在科学中已经学习过溶液酸碱性的相关知识,熟悉酸碱指示剂的使用,因此本节课根据教学需要,将教材内容的顺序进行处理,即也安排了水和二氧化碳反应的实验,保持了教学内容的完整性。

2）学情分析

学生的实验探究能力已发展到一定的水平,也有一定的理论认识,具有一定的设计实验的能力,因此本节课探究设计的重点是寻找证据去验证假设。但同时学生的知识水平又是参差不齐的,对化学变化的本质认识不够。例如在猜测水和氧化钙是否发生化学变化时,许多学生没有思路、胡乱猜想。因此,本节课的关键是帮助学生重新认识化学变化的本质,进一步形成研究物质化学的思路。

3）教学流程

教学流程如图 3-1 所示。

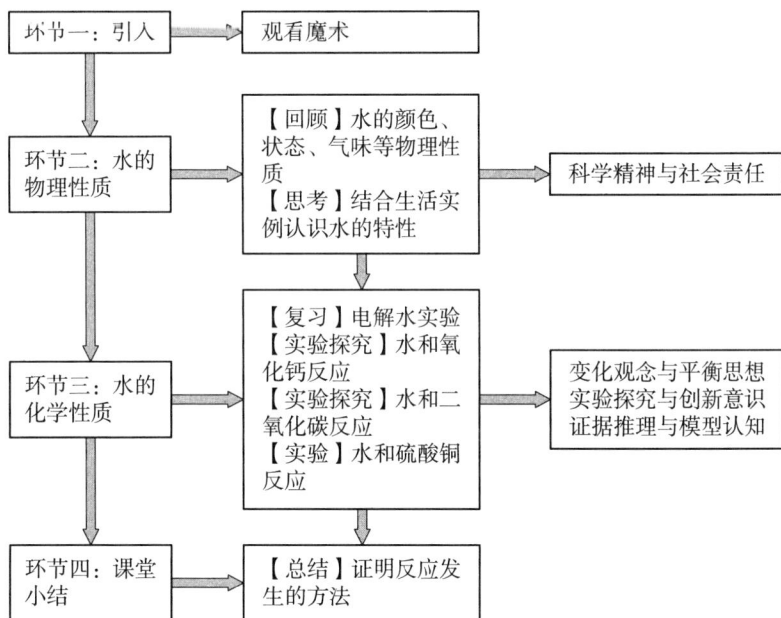

图 3-1　教学流程

3. 教学过程

片段 1：结合生活实例,了解水的特性。

【教师】为什么在特别寒冷的冬天,河面有浮动的冰,而鱼照样能自由地生存?

【学生】这是因为水具有反常膨胀性。

【教师】生活中还有哪些现象和水的反常膨胀性有关?

【学生】水的比热容大。

【教师】利用"水的比热容大"这一性质,水可以用来做什么?

【学生】思考交流。

【教师】生活中,可以用水来冲泡咖啡,因为水具有极强的溶解和分散其他物质的能力。

设计意图:通过让学生分析系列问题,从生活经验和联系相关学科已有的知识,引出水的特性,知道化学与生活的密切联系,学会利用化学知识来解决生活中的相关问题,形成"科学精神与社会责任"的核心素养。

片段2:通过实验探究,认识水的化学性质。

【教师】展示某品牌自热食品,它不用火、不用电,却能将食物煮熟。它的原理是什么呢?

【教师】展示食物发热剂,介绍其主要成分是氧化钙。

设计意图:从生活走进化学,引导学生思考,通过生活中流行的自热食品,激发学生的学习动力,培养学习化学的兴趣。

【学生】实验:向氧化钙中加水,并观察现象。

【教师】问题:(1)水和氧化钙发生反应了吗?

(2)放热现象能否证明水和氧化钙发生了反应?证明发生反应的依据是什么?

(3)如何证明水和氧化钙发生了化学反应?

【学生】实验:探究水和氧化钙的反应。

(1)做出假设:结合质量守恒定律猜测可能的产物是氢氧化钙。

(2)设计实验方案:选择检验氢氧化钙的方法。

(3)实验论证:取反应后的液体,吹气。

(4)得出结论:水和氧化钙发生反应。

设计意图:采用意义发现式的学习方式,让学生亲身经历"做出假设-设计实验方案-实验论证-得出结论"的探究过程,提取已有的知识与技能,自主发现并获得新的知识,在体验中增进对知识理解的深刻性,对新的知识留下深刻的印象。在亲身经历的过程中,培养学生"科学探究与创新意识""证据推理与模型认知"等化学学科核心思想。

【教师】播放干燥剂CaO使用不当导致的安全事故新闻,进行安全教育。

设计意图:结合课堂教学内容,联系生活中的安全问题,在教学中多层次地渗透安全教育,学生既能从中感受到化学知识的重要性,系统地掌握安全知识,也能提高预防能力,保护自己和他人。

【教师】展示一瓶雪碧。问题:雪碧中冒出的气泡是什么气体?猜测一下,水能和什么物质发生反应呢?

【学生】水能和二氧化碳气体发生反应。

【教师】教师实验:向水中通二氧化碳气体。

　　　　问题:水中通二氧化碳,没有现象,请问水和二氧化碳能反应吗?

【教师】同学们能否借鉴上述实验的思路,去探究水能否和二氧化碳反应。

【学生】(1) 做出假设:水能和二氧化碳反应。

　　　　(2) 设计实验方案:预测反应产物是碳酸,选择紫色石蕊检验产物。

　　　　(3) 实验论证:向水中入通二氧化碳,再滴加紫色石蕊。

　　　　(4) 得出结论:水和二氧化碳能反应产生碳酸,

设计意图:巩固研究物质化学性质的一般思路,掌握证明反应发生的方法之一:检验新物质的产生。

【教师】同学们的实验方案中,一定是碳酸使紫色石蕊变成红色吗?同学们的方案是否有不足?

【学生】考虑二氧化碳、水能否使紫色石蕊变色。

【教师】演示:(1) 向干燥的紫色石蕊试纸上喷水;

　　　　　　　(2) 将紫色石蕊试纸放入干燥的二氧化碳中。

【教师】通过这两个实验可知,二氧化碳和水不能使紫色石蕊变色,确实是新物质碳酸使紫色石蕊变红的。

设计意图:通过问题,创造出矛盾,激发学生思考,掌握通过对比实验来解决问题的科学研究方法。

4. 教学反思

本节课不是简单地教给学生水的物理性质和化学性质是什么,而是让他们了解如何研究物质的性质。通过本节课,学生对研究物质性质的思路有了一定的了解,熟悉了探究过程,逐步形成了化学变化观念等核心素养。初三是学生刚刚接触化学的阶段,初中学生学习化学最大的感受就是“变化”,这个“变化”就是化学变化吗?“化学反应”成为学生学习化学之后经常说的一个词,教师要充分利用学生的这种认识,培养学生的变化观念。

这节课主要解决两个问题:①如何证明水和氧化钙反应;②如何证明水和二氧化碳反应。这两个问题都是利用检验生成物的方法来证明发生了化学反应,可以加深学生对化学变化本质的理解,培养学生的变化观。在初中如何培养学生的变化观?

1）巩固基础知识，促进学生变化观的培养

化学变化观能否成功构建，取决于学生对基础知识的掌握情况，一切观念的形成都应建立在深刻掌握基础知识的基础上。学生只有掌握了变化观的基础知识，达到构建观念所需的要求，才能领悟到变化观的真正内涵，从而形成变化观，最终利用这种观念来解决实际问题。

变化观是在化学用语、化学概念、化学理论基础上延伸和扩展的产物，学生对这些基础知识的掌握程度直接影响学生化学变化观的形成。初中阶段化学用语较多，与变化观念有关的化学用语最有代表性的就是化学方程式。化学方程式可以将各种化学反应以符号的形式呈现出来，促进学生进一步认识化学反应的本质。在讲授有关变化观的化学用语时，要考虑学生的实际情况。学生刚进入初三，所学科目变多，内容变多，学习的压力也变大了。所以，教师不应该强迫学生大量识记化学用语。教师可以将化学用语分板块、有方法地向学生渗透。学生可以边理解边记忆。

2）联系生产生活实际，促进构建变化观的主动性

最符合学生认知规律的教学就是通过联系生产生活实际创设问题情境的教学。教师要从生产生活实际中发现问题，创设问题情境，帮助学生从不同角度审视化学反应。在创设与生活紧密联系的有关化学变化观的问题情境过程中，要注意对课堂问题的探究性进行适当扩展，做到既能激发学生的兴趣，又能促进学生构建化学变化观的主动性。例如本课中，在探究水和氧化钙的反应前，先提出问题"某品牌自热食品，它不用火、不用电，却能将食物煮熟，它的原理是什么呢"，通过这个问题学生能够感受到化学反应与生活紧密相连。

3）以实验为本，帮助学生理解变化观

实验是化学的显著特点之一。在开展教学活动时适当地设置一些实验探究环节，能够较好地激发学生进行深入学习的兴趣。除此之外，在实验的过程中，学生可以将外在的一些实验现象内化成可以理解的价值观念。实验可以帮助学生消化吸收有关化学变化观的知识内容。

学生可以从教师的演示实验中直观地认识化学变化及其规律，有利于认识化学变化观，促进化学变化观的形成。教师在进行演示实验的过程中，要注意使用科学的实验方法，规范操作，并且适当强调操作注意点，保证学生准确无误地获得实验技能。

教师还要充分发挥探究实验的功能。要想培养学生的化学变化观，就要充分发挥自主探究实验的功能，让学生自己发现问题、提出问题、分析问题和解决问题。在探究的过程中，学生对化学变化及其规律的认识会越来越深入。例如，学生可以通过自主探究实验来认识水和氧化钙可以反应，水和二氧化碳也可以反应。

4）运用多媒体，促进学生理解变化观

信息技术的发展，为教师的教学提供了很多新的方向。虽然初中生学习化学只有一年时间,但这却是为以后的学习打好基础的关键时期。教师可以将观念为本的教学理念与现代信息技术相结合,减少学生学习化学的障碍。在初中化学教学中,有关变化观的内容有较多的抽象知识,例如分子和原子。教师可以利用技术信息手段使抽象的内容变得更直观。

　　化学变化观的内容中,还涉及一些危险实验,例如汞和氧气的反应。教师如果在课堂中融入现代信息技术,既可以避免一些特殊的实验可能造成的危害,又能促进学生对变化观的理解。除此之外,现代信息技术还可以激发学生的兴趣,改善教学氛围,推进学生掌握有关变化观的知识内容。

　　总之,在物质化学的教学中,教师要转变教学理念,改进教学方式,采用多样化的手段渗透学科核心素养,使学生得到全面发展。

（本教学案例研究由上海市奉贤区实验中学陆海霞撰写）

三、"影响化学反应速率的因素"教学案例研究

1. 问题的提出

《普通高中化学课程标准(2017年版)》要求教师确立"素养为本"的教学理念,积极开展"素养为本"的课堂教学行动研究。化学核心素养是学生发展核心素养的重要组成部分,是学生通过学习逐渐形成的正确价值观念、必备品格和关键能力。实验研究在化学教学中占有重要的地位,在化学教学中要注重培养学生的实验操作能力、实验分析能力、实验调控能力及实验思维能力,所以在化学教学可以结合实验研究来达到培养学科核心素养的目的。"影响化学反应速率的因素"是学生深入认识化学变化有一定的限度、是可以调控的这一化学学科核心观念不可或缺的核心知识。上科版高中化学教材中通过硫代硫酸钠与盐酸反应来研究浓度、温度对化学反应速率的影响,硫代硫酸盐的性质在硫及相关化合物相关章节中并未涉及,学生缺乏对相关知识的认知,教材中也没有压强对化学反应速率影响的相关实验。本案例为了解决上述相关问题,优化了实验设计,并引入了压强对化学反应速率影响的实验。这样的设计既可以符合学生的认知程度,又可以利用这些实验研究,把握教学设计,着重培养学生的"变化观念""科学研究与创新意识"等核心素养,当然其中也涉及"证据推理与模型认知""科学精神与社会责任"等核心素养。

2. 设计思想

1)教材分析

"影响化学反应速率的因素"是沪科版《化学》高一第二学期第六章《揭秘化学反应速率和平衡之谜》中的内容。在本章内容之前,已经介绍了元素化学的相关知识,学生有了一定的实验基础,所以本节课主要通过实验探究的方法,让学生初步理解影响化学反应速率的因素有哪些,旨在培养学生的实验设计能力、实验分析能力、思维能力、动手能力、表达能力等,培养相关化学核心素养,为后续课打下相应的实验基础。

2)学情分析

学生已经学习了化学反应速率的概念,也已经学习了元素化学及元素周期表、周期律的相关知识,初步认识到化学反应有快有慢,但要帮助学生深刻认识化学反应速率,

还必须学习影响化学反应速率的因素。教学中应从日常生活中学生熟悉的大量化学现象和化学实验入手,让其初步认识影响化学反应速率的因素有哪些,并在此基础上通过实验探究总结影响化学反应速率的因素。高一的学生还面临着选科的问题,所以对于实验的设计要能激发学生的学习兴趣,对于难度较大的问题教师要善于搭建合适的台阶,引导学生"拾级而上",同时教学过程中注意给不同层次的学生以鼓励,结合实验研究渗透培养学科核心素养。

3）设计思路

基于上述教材分析及学情分析,进行了以下设计。

目标设计:突出实验设计,挖掘核心价值,通过设计方案探究影响化学反应速率的因素,进一步提高对照实验设计中控制变量法的应用,理解如何确定不变量、改变量和测定量;通过对实验现象及数据的观察、总结,培养从感性认识到理性认识、透过现象看本质的能力,培养相关学科核心素养。

内容组织:基于上述目标设计,本节课围绕影响化学反应速率的因素这个主题,主要以四个探究实验为载体,让学生设计方案、动手操作、合作探究,在问题解决中实现深度学习,促进学生认知方式的发展,实现学生思维能力提升,落实培养核心素养的教学要求。其教学流程如图 3‒2 所示:

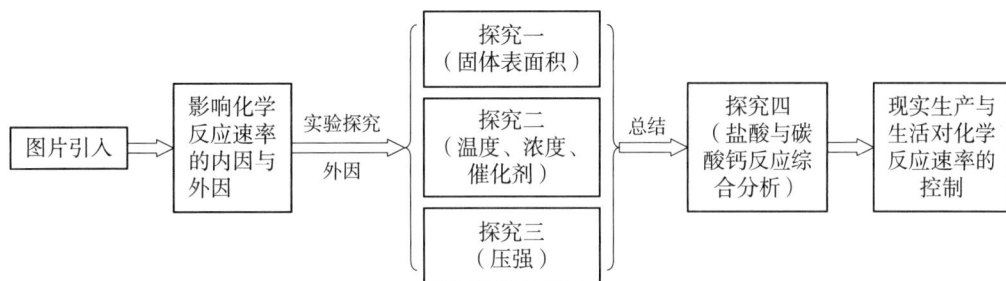

图 3‒2　"影响化学反应速率的因素"教学流程

3. 教学过程

1）创设情境、导入新课

【教师】提供溶洞、烟花、食物在夏天的腐败、食物在冬天的腐败等图片,让学生随机挑选,看谁选中的图片中反应速率最快,给予奖励(辅助教师完成实验)。

【学生】学生选图片。

【教师】图片中可以看出不同的化学反应速率有快有慢,那么决定这些反应速率快慢的因素是什么呢? 引导学生从身高长相作类比。

【学生】借助身高长相作类比思考,并回答教师提出的相关问题。

【教师】引出反应物本质(内因)。那么内因研究的是相同反应还是不同反应呢?

【学生】联想得出,内因研究的是不同反应。

【教师】图片中同一反应速率也有快有慢,那么影响同一化学反应速率的因素有哪些呢? 这就是我们要主要研究的课题外因(外界条件)。

设计意图:设计小游戏,激发学生学习兴趣,为以后学生辅助教师做实验作准备。将反应速率与身高长相作类比,更容易让学生理解,让学生知道影响化学反应速率的因素分为内因与外因。

2) 实验探究,得出结论

探究实验一:固体表面积对化学反应速率的影响。

【教师】结合实验目的和提供的实验用品[药品:碳酸钙(块状和粉末状)、盐酸;仪器:试管、胶头滴管、量筒(10 mL)],先独立设计实验方案。让学生阐述自己的方案,引导学生发现其方案的优缺点,明确需要改变的量、需要不变的量和需要测定的量(控制变量法)。让学生体会到设计严谨的实验方案是进行科学探究的基本原则。根据完善后的方案,让学生小组合作,进行实验,记录实验现象。交流实验现象并得出实验结论。

【学生】根据教师提供的仪器药品设计实验方案并完善,体会控制变量思想,认识到判断化学反应速率快慢的标志:产生气泡的剧烈程度。根据实验方案,观察实验现象,得出结论:当其他条件相同时,增大固体表面积(颗粒小),化学反应速率加快。

设计意图:学生通过动手实验,培养学生设计简单实验的能力、观察能力、思维能力,并体会控制变量的思想,培养学生"科学探究与创新意识"核心素养。

探究实验二:以 $2H_2O_2 \longrightarrow 2H_2O + O_2$ 为载体,探究温度、浓度、催化剂对化学反应速率的影响。

【教师】根据某同学设计的方案(见图 3-3),指出该学生设计的意图是什么,即研究了哪些外界条件对化学反应速率的影响。其中加洗洁精的目的是什么? 图中有没有需要完善的地方? 如果有请指出。实验操作时要注意什么?

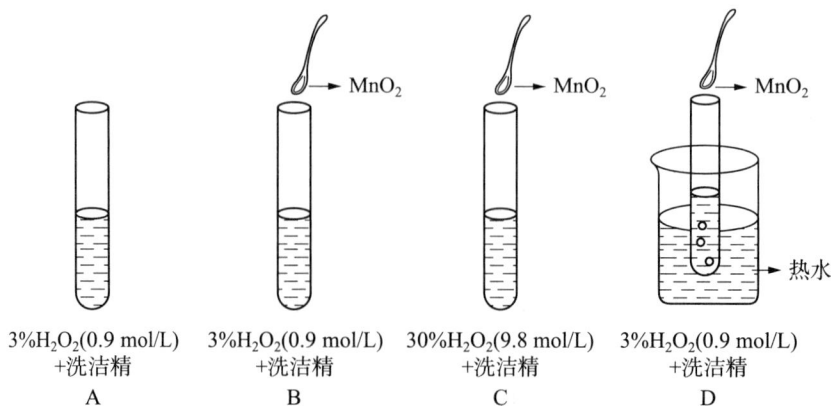

3%H_2O_2(0.9 mol/L)　　3%H_2O_2(0.9 mol/L)　　30%H_2O_2(9.8 mol/L)　　3%H_2O_2(0.9 mol/L)
+洗洁精　　　　　　　　+洗洁精　　　　　　　　+洗洁精　　　　　　　　+洗洁精
A　　　　　　　　　　　B　　　　　　　　　　　C　　　　　　　　　　　D

图 3-3　温度、浓度、催化剂对化学反应速率的影响

【学生】①A、B 对比研究的是催化剂对化学反应速率的影响;B、C 对比研究的是溶液浓度对化学反应速率的影响;B、D 对比研究的是温度对化学反应速率的影响。②加入二氧化锰的量要相同,双氧水与洗洁精的量要相同,实验操作时加入二氧化锰要同时。

【教师】学生分组进行实验(由于 30% 过氧化氢较危险,教师进行实验),提示学生判断化学反应速率的标志:观察产生气泡的快慢。

【学生】学生分组实验并得出结论:当其他条件相同时,溶液浓度增大,化学反应速率加快;升高温度,化学反应速率加快;加入相应催化剂,化学反应速率加快。

设计意图:教材中是通过双氧水分解实验来研究催化剂对反应速率的影响,通过硫代硫酸钠与酸的反应来研究浓度、温度对反应速率的影响。而本实验只通过双氧水分解实验就能研究催化剂、温度、浓度对化学反应速率的影响。硫代硫酸钠与酸的反应学生以前没有接触过,超出了学生的认知范围,而双氧水分解实验学生之前接触过,符合学生的认知,所以这样设计更简洁、更符合学生的认知。通过问题驱动与实验探究进一步体会控制变量的思想;培养学生分析实验问题的能力、动手实验的能力、观察能力,培养“科学探究与创新意识”“证据推理与模型认知”等核心素养。

探究实验三:压强对化学反应速率的影响。

【教师】刚才讲的是溶液中溶质的物质的量浓度对反应速率的影响。除了溶液有浓度的概念,气体也有浓度的概念,那么怎么增大气体的浓度呢?

【学生】两种方法:容器体积一定,增加反应物的物质的量;物质的量一定,减小体积。

【教师】两种方法体系的压强怎么变化呢? 引导学生理解压强对反应速率的影响,其实是改变了气体反应物的浓度,然后引起了速率的改变。通过图 3-4 装置可以研究压强改变时反应速率是怎样变化的。介绍装置,进行实验(采用希沃授课助手进行投屏),提示学生观察火焰的亮度。

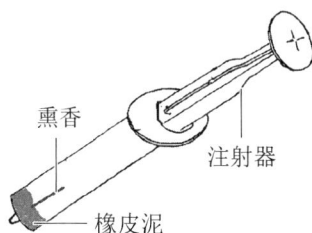

熏香
注射器
橡皮泥

图 3-4 压强对化学反应速率的影响

【学生】学生观察实验,得出结论:当其他条件相同时,减小体积,增大压强,反应速率增大,反之减小。

设计意图:教材中并没有压强对反应速率影响的实验,所以本研究设计了一套压强对反应速率影响的装置,通过该装置只要观察推拉前后火焰亮度的变化就能得出相关结论,并能培养学生探索、创新精神,培养"科学探究与创新意识"等核心素养。

探究实验四:盐酸与大理石反应的实验探究。

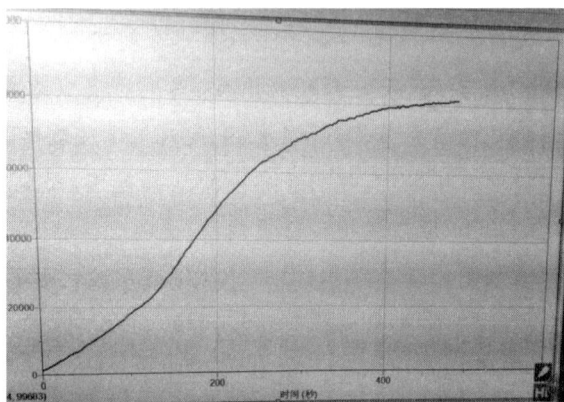

【教师】介绍实验装置(见图3-5),测定二氧化碳的量与时间的变化曲线,并用温度传感器测定该反应的温度变化。得到二氧化碳的量与时间的变化曲线如图3-6所示。为何反应开始的斜率比较小,反应一段时间后斜率变大,再一段时间后斜率又变小?

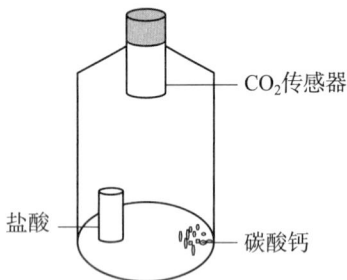

图 3-5　盐酸与大理石反应的实验探究　　图 3-6　二氧化碳的量与时间的变化曲线

【学生】学生思考,理解随着反应的进行,反应放热,温度升高,反应速率变快;随着反应进一步进行,温度变化不太明显,但反应体系中盐酸的浓度在变小,所以反应速率又会变慢。

设计意图:借助数字仪器帮助学生理解:对于一个反应体系,可能有多个因素共同影响该反应的速率,在生产生活中要综合考虑影响化学反应速率的因素有哪些。通过该实验探究培养实验探究能力、问题分析能力,培养"变化观念与平衡思想""科学探究与创新意识""证据推理与模型认知"等核心素养。

3) 理论联系生活

【教师】本节课主要研究外界条件对化学反应速率的影响,生产生活中怎样应用今天所学的知识,来减慢或加快反应速率呢?给学生几个课题,如:①生产生活中怎样防止牛奶变质?②查找相关资料,总结工业合成氨发展进程中,科学家是怎么加快其反应速率的。③查找相关资料,总结工业制硫酸反应中有哪些措施是加快反应速率的,哪些是减慢反应速率的。让学生自选课题,自由结对,课后去研究相关的课题,进一步体会所学的相关知识。

【学生】课下研究相关课题,并撰写研究报告。

设计意图:理论联系实际,进一步理解相关知识;从化学走进生活,让学生切身感受化学的价值;进一步激发学生学习化学的热情,强化社会责任感,培养"科学探究与创新意识""科学精神与社会责任"等核心素养。

4. 教学反思

1）化学实验促进培养核心素养

化学学科是一门实验学科,化学实验能有效地促进培养核心素养。本节课充分利用了化学实验的独特价值,精心设计了四组实验研究,利用四个探究性实验,既培养了学生的实验操作能力、实验分析能力、实验调控能力及实验思维能力,又启迪了学生的科学思维能力。通过四个探究性实验,学生能从中认识化学变化有一定限度,速率是可以调控的,认识化学变化中的表征方法、控制变量等思想,能体会到要从内因、外因较全面地分析物质的化学变化等观念,从而逐渐渗透对"变化观念与平衡思想"等核心素养的培养。

2）研究课题促进培养核心素养

授人以鱼不如授人以渔,教师不只是传授学生知识,还要培养学生分析问题、解决问题的能力。课堂上教师教授的知识是有限的,但生活中的知识是无限的。研究性课题能让学生充分利用课下的时间去反思与思考,去更好地学习,能检验学生对知识的理解能力,能培养学生分析问题、解决问题、实践动手、实验探究等能力。学生学习了本节课内容之后,回归到生活中,通过课题研究,能体会物质的变化是有条件,化学变化的分析是多角度的动态的等变化观念。

（本教学案例研究由上海市奉贤中学郭军撰写）

四、"探究温度、浓度对盐类水解平衡的影响"教学案例研究

1. 问题的提出

随着新课改理念的不断深入,核心素养体系的建设与完善已经成为当代教育发展的趋势。化学学科核心素养是核心素养的重要组成部分,旨在培养学生成为有知识、有素养的人才,以符合社会主义核心价值观下化学学科育人的基本要求,在宏观辨识与微观探析、变化观念与平衡思想、证据推理与模型认知、科学探究与创新意识、科学态度与社会责任等多个维度,帮助学生能够在真实的情境中切实地解决问题。

高中化学教学中的难点主要在于学生对于微观的、抽象的知识点无法很直观地感受到。在日常教学过程,如何探析微观世界以及如何感受平衡思想,这两个问题是教学过程中的难点,如何去突破?这需要教师通过对比实验以及建立模型来解决问题。"探究温度、浓度对盐类水解平衡的影响"一课,从宏观角度剖析抽象的化学原理,从实验角度来让学生感受平衡的移动,帮助学生建立平衡移动的意识,由表及里探究影响盐类水解平衡的因素。

2. 设计思想

1)教材分析

本节课内容是沪科版《化学》高一第二学期第七章第三节《盐溶液的酸碱性》第二课时,引导学生通过实验来探究温度和浓度对盐类的水解平衡的影响。本节内容是在学生已经学习了化学平衡原理的基础上,讨论电解质在水溶液中的电离行为和某些离子水解的行为,通过实验现象、图像分析让学生深入微观世界,认识物质在水溶液中的存在状态以及行为,全面认识电解质溶液的性质和变化,培养学生解决化学问题的能力。

在《上海市高中化学学科教学基本要求》中指出本节内容需要注重对电解质溶液与人类生产生活的相关联系,探究电解质溶液在水溶液中的表现以及相互反应的规律,丰富学生对于化学变化的认识。对盐类水解的应用(学习水平为C)有以下几点要求:

（1）归纳盐类水解的影响因素。

（2）根据勒夏特列原理解释水解平衡的移动。

（3）利用盐类水解知识解决一些生产、生活中的实际问题。

以上要求为合格考和等级考要求。

2）学情分析

本节课授课对象为普通高中高一学生。通过前一阶段的学习,学生已经学习了化学平衡、电离平衡、水的电离、离子方程式的书写等知识,在前一节课已经学习了盐类水解原理以及盐类水解方程式的书写,对于本节课的学习已有一定的知识储备。在以往的学习考查中,发现学生对于影响盐类水解的因素中的温度变化和稀释问题的理解比较困难。因水解概念抽象,对水解平衡的移动需要从微观角度进行理解,学生感性认知不够,知识点掌握情况不甚理想。

高一第二学期的学生已经具有一定的实验动手能力和独立思考的能力,但从微观角度去分析盐类水解平衡移动稍显困难,需要教师加以探究分析的引导;在图表分析中,学生可以分析变化趋势,但也需要教师引导观察分析,认识其变化趋势的本质。因此在本节课的设计中,不涉及大量图表,避免让学生对图像分析产生畏惧心理。

3）教学目标

（1）通过联系生活实际,尝试用对比实验感受盐类水解在日常生活中的化学应用。

（2）通过设计对比实验,分析温度对盐类平衡的影响。

（3）通过引入数字化实验原理,分析图表,分析浓度对盐类平衡的影响。

（4）通过实验设计,感受定性实验中控制变量的重要性,初步学会设计对比实验进行科学探究的方法。

4）教学重难点

重点:探究温度变化对盐类水解的影响,并通过宏观现象对微观变化进行解释,进而得出结论。

难点:探究稀释对于盐类水解的影响,并通过图像分析来分析微观变化,进而得出结论。

3. 教学过程

1）教学流程

教学流程如图 3-7 所示。

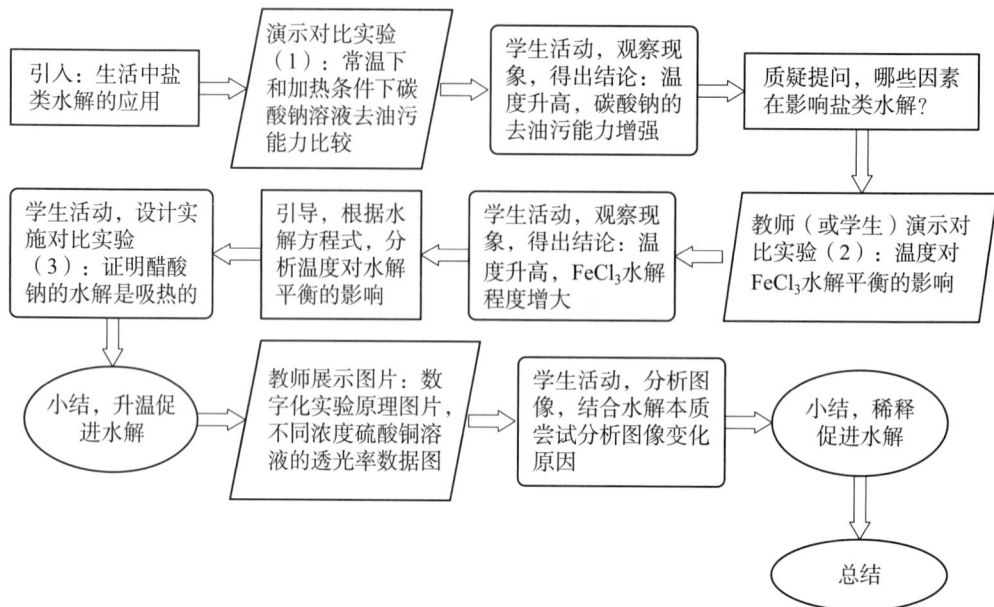

图 3-7 教学流程

2）教学环节

教学环节如表 3-1 所示。

表 3-1 教学环节

环节名称	设计内容	素材	设计目的
[环节一] 引入盐类水解：在生活中的应用以及温度对盐类水解的影响	上课前展示碳酸钠溶液呈碱性，可以去除油污，但热碱溶液去污效果更好。 设计并实施对比实验（1）：如何证明热碱溶液去油污效果更好。	仪器：100 mL 烧杯 1 个，洁净试管 2 支，加热盘或酒精灯，胶头滴管； 药品：饱和 Na_2CO_3 溶液，金龙鱼食用油少许，蒸馏水。	对比实验——证明热碱溶液去油污效果更好。通过观察实验现象，引导学生思考温度对碳酸钠在水溶液中的水解平衡的影响，继而引发对影响盐类水解平衡的因素的思考和探究。
[环节二] 进一步验证温度对盐类水解的影响：宏观现象辨析与微观变化分析	对比实验（2）：温度影响，分别在常温、沸水中滴加饱和氯化铁溶液，观察现象。（教师提示 Fe^{3+} 水解方程式、反应物以及产物颜色） 学生活动： ① 观察现象，分析原因。 ② 根据水解方程式的特点，即逆反应为酸碱中和反应，分析盐类水解的热效应，归纳温度影响的一般规律。	仪器：试管 2 支，试管夹或酒精灯，蒸馏水，胶头滴管； 药品：饱和 $FeCl_3$ 溶液。	对比实验——进一步验证温度影响。 在氢氧化铁胶体制备中，感受常温、沸水中加入饱和 $FeCl_3$ 溶液的颜色差异，进一步感受温度促进盐类水解。

（续表）

环节名称	设计内容	素材	设计目的
[环节三] 应用水解平衡： 理解巩固温度对水解的影响	学生活动：讨论分析设计并实施实验：如何证明 CH_3COONa 的水解是吸热的？（给定材料，进行选择）	设计对比实验——证明 CH_3COONa 的水解是吸热的。 仪器：试管2支，酒精灯，试管夹； 药品：$2.5\ mol/L\ CH_3COONa$ 溶液，酚酞溶液，pH试纸。	设计对比实验——证明 CH_3COONa 的水解是吸热的。 在对影响盐类水解平衡因素学习的基础上，对知识点进行再巩固，尝试设计对比实验，感受控制变量在定性实验中的重要作用，同时进一步感受盐类的水解是吸热的过程。
[环节四] 从微观角度理解稀释对水解的影响	分析不同浓度硫酸铜溶液的透光率曲线 学生活动： ① 分析图像； ② 分析稀释对水解平衡的影响。	图像：不同浓度 $CuSO_4$ 溶液的透光率测定曲线。 不同浓度硫酸铜溶液透光率的测定 	分析图像——浓度影响： ① 分析图像，感受稀释对于盐类水解的影响，突破教学难点，培养图像分析能力； ② 得出稀释促进水解的结论。

4. 实验方法设计

实验方法设计如表3-2、3-3、3-4所示。

表3-2　探究温度对盐类水解的影响（1）

对比实验1	饱和碳酸钠溶液(常温、加热)对去油污能力的影响
原理	$CO_3^{2-}+H_2O \rightleftharpoons HCO_3^{-}+OH^{-}$、$HCO_3^{-}+H_2O \rightleftharpoons H_2CO_3+OH^{-}$
步骤	 分别在两支试管中各加入 0.5 mL 食用油，并加入 3 mL 饱和碳酸钠溶液。　　　水浴加热 　　　　a　　　　　　　　　　b　　　　c

（续表）

	a 分别在两支试管中各加入 0.5 mL 金龙鱼食用油,振荡,使油挂于试管壁上,并加入 　3 mL 饱和碳酸钠溶液; b 将其中一支试管在沸水中水浴加热,1 分钟后,将该试管取出; c 将两支试管内溶液倒至废液缸中,对比观察试管壁上油污情况。
实验方法 应用	(1) 控制变量法:控制食用油量,碳酸钠溶液浓度、体积相等,改变温度。 (2) 对比实验法:对比不同温度下碳酸钠溶液的去油污能力。
现象与结论	现象:热水浴中的试管中油污污渍相对于常温下的试管中更少。 结论:(1) 热水中碳酸钠的碱性更强,去油污效果更好。 　　　(2) 初步判断强碱弱酸盐在升温条件下水解程度更大。

表 3-3　探究温度对盐类水解的影响(2)

对比实验 2	常温水、沸水中滴加饱和氯化铁溶液
原理	$Fe^{3+} + 3H_2O \rightleftharpoons Fe(OH)_3 + 3H^+$ (棕黄色)　　　　　(红褐色)
步骤	 试管 1:蒸馏水　　　试管 2:蒸馏水　　　加热试管 2,使试　　　分别在两支试管内各滴 　　3 mL　　　　　　　3 mL　　　管内液体沸腾　　　加 3 滴饱和 $FeCl_3$ 溶液
实验方法	(1) 控制变量法:控制蒸馏水量,加入 $FeCl_3$ 溶液浓度、体积相等; (2) 对比实验法:对比不同温度下 Fe^{3+} 的水解程度。
现象与结论	现象:在沸水中滴入氯化铁溶液后,溶液呈现为红褐色;在常温水中滴入氯化铁溶液 后,溶液呈现为棕黄色。 结论:(1) 加热条件下氯化铁的水解程度增大。 　　　(2) 初步判断升温有利于强酸弱碱盐的水解。

表 3-4　学生实验:探究醋酸钠的水解是吸热的

对比实验 3	对比常温下、加热后的醋酸钠水溶液的水解程度相对大小
原理	$CH_3COO^- + H_2O \rightleftharpoons CH_3COOH + OH^-$　(水解呈碱性)
步骤	 2 mL 0.5 mol/L 醋酸钠溶液 　　　　a　　　　　　　　　　　　　　　　　　b a 在两支试管中分别加入 2 mL 0.5 mol/L 醋酸钠溶液和 1 滴酚酞,观察颜色变化。 b 将其中一支试管加热后,与另一支试管进行比较。

（续表）

实验方法	（1）控制变量法：控制醋酸钠溶液体积、浓度一定，改变温度。 （2）对比实验法：对比不同温度下滴加了酚酞的醋酸钠溶液的颜色情况，颜色越深，证明水解程度越大。
现象与结论	现象：加热后的试管内溶液颜色更深。 结论：通过对比实验，证明醋酸钠的水解是吸热的。

5. 教学反思

在《上海市高中化学学科教学基本要求》中关于盐类水解注重对于盐类水解的应用，要求"归纳盐类水解的影响因素；根据勒夏特列原理解释水解平衡的移动；利用盐类水解知识解决一些生产、生活中的实际问题"。但在以往的教学过程中，不少学生对于水解这一核心概念不清晰，对水解平衡移动的理解有欠缺，无法基于勒夏特列原理来进一步理解盐类水解平衡的移动，同时由于学生这一模块的学习脱离生活，在用相关化学原理解释一些生活现象的时候，学生往往无法全面、有逻辑地进行解析，这主要在于学生在知识的理解上僵化、片面化、碎片化，学生在知识的构建、逻辑思维的发展、知识的迁移类比等方面比较欠缺，长此以往，不利于学生综合素养的发展。因此，在本节课中设置了几个环节，激发学生兴趣，培养学生从宏观的角度探析微观的变化，感受化学变化的规律性，体验盐类水解平衡的移动，培养学生的核心素养。

1）寻找生活中的"平衡"现象，触发探究兴趣

化学是一门引导人们认识世界的学科，学习化学对学生进一步从化学的视角来认识生活具有重大的意义。教师在教学设计中，应该创设情境，积极将生活中的"平衡"现象融于课堂教学，关注学生的认知水平，将结论和事实的讲授转变为学生的亲身实践体会，引发学生对该生活现象的疑问，触发学生的探究兴趣，从而促进学生对化学基本观念的建构。

从生活中常见的小苏打的去油污说明书，到比较碳酸钠溶液在常温、沸水水浴条件下的去油污实验，这些实验现象明显，学生兴趣浓厚。在"环节一"中，学生对温度在水解平衡中的影响有了初步的感受。奥苏贝尔认为，如果能将知识与认知统一起来，就是有意义的学习。学生通过生活经验，在生活化的情境中感受化学知识，将该变化原理与理论相联系，激发对于研究盐类水解平衡移动变化规律的兴趣，建立了长期学习化学的内在驱动力。

2）设计"平衡移动"的对比实验，渗透变化观念

"变化观念与平衡思想"素养相关的知识体系理论性较强，学习过程较为枯燥，因此需要教师在教学过程中设置一些实验来调动学生的积极性。而实验作为渗透学科素养的重要手段之一，可以帮助学生感悟变化，理解平衡的移动。而如何来设置相关的实验呢？设置对比实验是一个有效的实验方式。学生通过对比实验现象，感悟到某些因素在影响着平衡状态，促进学生积极探究变化的本质，渗透变化观念。

通过对强碱弱酸盐（$NaHCO_3$、Na_2CO_3）以及强酸弱碱盐（$FeCl_3$）溶液设计对比实验，分别在加热以及常温条件下进行实验，从个别到一般，从"感性认识-提炼规律-运用规律-设计实验"帮助学生更好地感受升温对盐类水解的影响，探究盐类水解的本质，明确盐类水解是吸热的过程。

通过对对比实验法、控制变量法的深入体验，有助于学生掌握科学探究的一般方法，培养学生的探究精神。

3）借助数字化实验，感悟变化，提升平衡思想

核心素养的培养，离不开核心知识与核心能力的培养。在以往的学习生活中，许多学生对于平衡知识的掌握是不扎实的，似懂非懂，归根结底是因为对平衡知识体系一知半解，对核心知识掌握不牢固，导致在实际解决问题时学生无法深入探究问题的本质。学生只有深入理解化学核心知识的内涵，才能化繁为简，从而提高学习效率。但在传统教学中，教师对于微观变化若只采用描述的手段，学生在知识层面上的接受是参差不齐的，部分学生无法触及核心知识，不利于学生的素养培养。

如何用实验来帮助学生理解浓度对盐类水解平衡的影响？合肥师范大学纪政关于利用色度传感器来测不同浓度下的硫酸铜溶液的透光率的研究给了我启示：$Cu^{2+}+2H_2O \rightleftharpoons Cu(OH)_2+2H^+$，$Cu^{2+}$浓度变化，使$Cu^{2+}$的水解平衡移动，导致$Cu(OH)_2$的量变化，通过测定溶液的透光率来绘制曲线，能够帮助学生进一步明确浓度越小越有利于盐类的水解。采用"讲述实验原理-分析图表-学生讨论"的方式展开教学，帮助学生从微观角度解释稀释对盐类水解平衡的影响，感受平衡的移动。

陈丹与刘补云的论文《数字化手持技术在影响盐类水解因素中的应用研究》，通过分析醋酸钠溶液与 pH 之间的关系得出结论："增大 CH_3COONa 溶液的浓度可以促进水解，但其促进水解的作用会随着浓度的增大而逐渐减弱。"在课后应鼓励学有余力的学生进一步分析该变化趋势，同时尝试在课外开展手持数字化实验的探究活动，进一步提升学生对于化学的学习兴趣与科学探究意识，培养学生变化观念与平衡思想。

（本教学案例研究由上海市奉贤区致远高级中学蒋楠撰写）

五、专家点评

本章聚焦中学化学核心素养的重要内容之一——变化观念与平衡思想,以"水的性质""影响化学反应速率的因素"和"探究温度、浓度对盐类水解平衡的影响"为典型案例,开展课堂教学实践与探索。在充分把握学生认知规律的基础上,紧紧围绕"变化观念与平衡思想"的内涵,结合化学学科新授课的特点,通过选择循序渐进、科学探究、合作学习、生活化教学以及优化学习等教学策略,将核心素养的培育目标落到实处,取得了期望之中又是意料之外的教学效果。

(上海市正高级教师特级教师 沈正东)

第四章

聚焦证据推理与模型认知的
教学设计的思考与实践

  随着教学改革的不断深化,初、高中化学课程着重帮助学生掌握有利于终身学习的基础知识和基本技能,发展合作交流能力和健康的个性;着重为学生的生存和可持续发展、创新精神和实践能力打好基础。复习课和讲评课这两类课型有其共同的特点,都是对已学知识的巩固提升,但不是简单的低水平的知识重复,而是从新的维度、高度深化学生的认知,让学生能从整体上把握学科的基本结构,进行二次学习,促进知识结构化、系统化,达到更高层次的认知水平;这两种课型也不再是教师的"一言堂",而是通过调动学生学习的积极性,通过发挥学生的主体作用,指导学生掌握科学的思维方法和学习方法,提高学生自学能力,提升学科核心素养。学生在复习课和讲评课的学习中,对于证据推理与模型认知的掌握尤为重要,要求学生能解释证据和结论的关系,确定形成科学结论所需要的证据和寻找证据的途径;能依据物质及其变化的信息进行提取并建构模型,用模型思想认识物质及其变化的一般规律,解决实际问题。

一、研究背景与教学策略

1. 研究背景

证据推理与模型认知是培养学生关键能力的一种重要的思维方法,也是学生掌握化学基本理论和原理以及分析解决实际问题能力的重要手段。证据推理与模型认知是相辅相成的,通过证据推理可以建构简单的模型,模型的建立又可以对证据推理提供理解帮助,它们常常融合在探究和问题解决的思维过程中。在复习课和讲评课中,学生可以通过证据推理和构建过程模型,分析和归纳化学学习中遇到的实际问题,全面培养和检测关键能力。

复习课和讲评课均是学生知识复习过程中重要的环节。复习课是将已学知识系统化、结构化的过程,是弥补教学中的欠缺,促使学生系统掌握知识、发展思维能力不可缺少的教学环节。复习课的特征分别是:

(1) 从学生知识结构出发,复习课主要是为了诊断和弥补课堂教学的不足,促进学生掌握知识的系统化和网络化,有一定的诊断性。

(2) 从知识获得的生理机制出发,复习课是大脑对神经细胞再次进行刺激,强化理解、完善记忆的过程,具有完善强化性。

(3) 从对学生的能力培养来看,通过复习课,进一步培养学生的自学能力,发展学生的辩证思维能力,提高学习水平,具有提升性。

(4) 从对知识的应用来看,复习课不仅是为了会做题,更是学生经历一个由厚到薄再由薄到厚的再加工过程,同时形成对习题的评价能力,有一定的探究性和创造性。

讲评课主要有作业讲评和试卷讲评。无论是初中还是高中的最后复习阶段,试卷讲评课都是非常重要的常规课型。讲评课对教学起着矫正、巩固、丰富、完善、深化等作用,是新授课、复习课、作业或测试的延续,是充分发挥学业评价的诊断、导向、激励功能的保证。然而试卷讲评课的课堂教学中往往存在一些弊端,降低了课堂教学的有效性。例如,教师“一言堂”情况较多;注重面面俱到,忽略主次需要;师生的关注点存在分歧;等等。这些都导致了讲评课的低效甚至无效。因此,有必要在避免讲评课弊端的基础上,帮助学生能够通过对题干信息的分析从而解决问题,让学生逐步掌握证据推理和构建过程模型的学习方法,积极探索初高中化学试卷讲评课的有效模式。

2. 教学策略

笔者认为,在复习课和讲评课中,经过复习巩固、知识检测及试卷讲评三个步骤,帮助学生通过知识的迁移、信息的获得、证据的推理,构建过程模型,有效地掌握知识,形成知识结构,并培养学科核心素养。学生在复习课和讲评课中,具有一定知识储备,欠缺的往往是其中的部分环节,无法把知识点进行串联综合运用,对信息的提取和处理过程存在问题,而证据推理与模型构建的思维方法就是针对信息的提取、处理、再加工的过程,能有效地培养学生解决实际问题的措施与方法。

1) 充分准备,做到有的放矢

教师在授课前应做好充分的备课准备,对知识的核心内容要进行挖掘,以更好地、多方面地传授知识,培养学生素养。结合课标和教参的内容,深度挖掘本课知识内容,把握好本课的重点与难点,以及如何突破该课的重难点。预设学生在课堂上可能出现的知识盲点和认知矛盾点,做出相应的准备。参考学生学情,从学生的视野角度出发,定制符合学生学情的课堂内容,培养学生化学学科核心素养,做到有的放矢。

在高中化学有机推断复习中,证据推理与模型认知核心素养尤为凸显,学生能依据各类物质及其反应的不同特征寻找充分证据,理解证据与结论之间的关系;能搭建出解决有机推断问题的一般思维模型,并在解决实际问题中不断地优化有机推断的思维模型,找出原思维模型的局限性或出现的特殊性,进一步优化模型,利用证据推理将化学事实和理论模型之间进行关联和合理匹配,更有效、更好地解决有机推断问题。

高考二模讲评课案例中,教师发现试卷中某题错误率较高,在课前对该题做了归因分析,发现学生主要是对解题的方法存在问题,所以除了为学生准备变式训练外,还优化了本题的解题模型,以最简单的方法帮助学生掌握。

2) 创设情境,推动思维发展

在化学课堂教学中创设真实、生动、直观又富于启迪性的学习情境,能激发学生学习兴趣,有效增进学生对知识的理解和意义的建构,还能在情境展开过程中推动学生认知和思维的发展,促进教学。在真实情境中,学生通过情境中的内容提取证据,对有关化学问题提出假设,能依据证据证明或证伪假设,依据证据从不同视角分析问题,推出合理的结论。

在电化学的教学中,以"水果电池"的情境引入,让学生分析水果电池的运作原理,根据实际情境去寻找证据、提出假设、搭建原电池模型,用模型去反证自己的推理与假设,在这个过程中获得原电池的原理和知识点,说明原电池模型的使用条件和适用范围,提高了思维水平。

在"探究乙醇汽油的燃烧产物——混合气体的检验与吸收"案例中,教师首先向学生简要介绍现阶段全球能源危机及乙醇汽油的优势,然后向学生提出本课的学习目标——探究乙醇汽油的燃烧产物。全球能源危机，是人类无法回避的问题，以此为切入点，有助于学生认识化学对社会的贡献，激发学生的学习兴趣。学生通过对乙醇汽油的燃烧产物成分的探究，思考如何减少二氧化碳的排放，促进一氧化碳和氢气的再利用，从而提高环保意识。学生以"小小工程师"的角色参与学习过程，整合已学知识，并以此为线索建立混合物检验的方法模型。

3）构建网络，优化学习方法

化学知识的习得须经过认识理解、逐步积累、形成体系的过程。在新授课中，教师更侧重于知识的本身、概念的构建、学生的理解等，同时学生受当时对知识的接受能力、理解能力等限制，形成的通常是零散的、孤立的知识。心理学研究表明，结构化的知识有利于学习者的习得。所以，无论是在复习课或是讲评课中，都应该针对学生原有知识经验，对教学目标进行重新研究，从单元整合的角度帮助学生巩固所学，厘清知识脉络，寻找知识间的联系，形成知识框架，让零散的知识整体化，让孤立的知识系统化，确定新的知识结构。学生通过对已经学习过的知识进行二次学习，在促进知识的结构化、系统化、功能化的同时，逐步形成知识网络模型，从而使认知水平达到更高层次。

为让学生更好地感悟化学与实际的联系，教师设计了"青铜器的发展史"一课，该课是上教版《化学》九年级第四章的单元复习课，在本课中教师以青铜器产生的这一历史背景导入，引入木炭、氢气、一氧化碳还原 CuO 的相关知识的探究，从其化学性质、装置异同点、操作步骤与注意事项及装置的改变等入手，将三个分散的知识点进行整合，让这些有相互联系的知识点形成脉络，帮助学生寻找到其中的规律。

在讲评木炭还原氧化铜的相关知识时，教师不仅可以帮助学生厘清木炭还原氧化铜的化学方程式、现象、发生装置与检验装置、步骤等知识，还可以通过反应现象或反应物状态，推理得到生成物或发生装置的选择，从而培养证据推理能力，构建该类问题的思维模型。

化学知识虽然零散地分布在课本的每个角落，但它们之间却存在着联系。单一、零散的知识点不利于学生掌握，而知识间的联系却可以帮助学生以不变应万变。所以，教师以知识间的联系为主线，帮助学生将单一、零散的知识点串联起来，加以结构化、系统化，不仅能帮助学生厘清知识脉络，形成知识框架，更能帮助学生寻找更有效的学习方法，培养自学能力。

4）变式训练，提升应变能力

当学生学会转化陌生情境为熟悉的问题、转化既定概念定理为新情境中的意义、转化心态学会理解他人需求、转化常规问题解决对新问题进行创造性思考，那他们的学习素养就提高了。在新授课中，由于学生认知理解的限制，通常是被动地学，常会出现"一变就错"的情况，缺乏应变能力。有针对性的变式训练能帮助学生识别某一大类不同问题的差异，揭示蕴含于其中的共同原理，发现自己解决问题时能力方面的主要缺陷。所以无论是在讲评课还是复习课中开展变式训练,都能帮助学生从思维模型出发,触类旁通,学会以不变应万变,达到事半功倍的效果。

如在讲评高考二模试题中,某题原题如下:

[高考二模试题]只用滴管和试管,不用其他仪器和试剂,不能鉴别下列各组中两种溶液的是(　　　　)

A. 石灰水和碳酸钠　　　　　　　　B. 盐酸和碳酸钠

C. 氨水和硝酸银　　　　　　　　　D. 氢氧化钠和氯化铝

在学生交流自己的答题情况、分析该题所考查的知识点、总结解此类题型的方法后,教师将原题选项中的试剂进行了变化,编制了以下例题。

【变式练习】只用滴管和试管,不用其他仪器和试剂,能鉴别下列各组中两种溶液的是(　　　　)

A. 氨水和氯化铝　　　　　　　　　B. 氢氧化钡和碳酸氢钠

C. 稀盐酸和硝酸银　　　　　　　　D. 硫酸氢钠和碳酸钠

由于大量的练习,在学生的脑海中已经自然而然地存在一套解题答案,而这只是建立在识记的基础上,并非真正理解。变式训练往往以一题多解、多题同解、一题多变或新的情境等形式呈现,不仅能检验学生是否掌握该知识,还能引领学生学会如何应用已学知识解决新的情况。

5)重视实验,培养创新能力

在化学学习的过程中,实验始终是重要组成部分,在复习课和讲评课中也不例外。传统的复习课一般通过讲与练达到预期效果,但这样的方式容易让学生感觉枯燥,也会限制学生的发散性思维和创造性思维。而在化学核心素养能力培养要求下,在复习课和讲评课中有的放矢地利用好实验,可以有效地激发学生的学习兴趣,提高学习效率。

在复习课或习题讲评课中,可以联系学生已有的认知,引导学生运用发散性思维去探究问题;通过独立思考或小组讨论,根据已有知识和经验大胆提出假设并进行实验分析推理加以证实或证伪;对所收集的数据、信息进行筛选、归类等,建立相应的模型并对模型进行验证和运用;建立观点、结论和证据之间的逻辑关系。学生在充分的探究中活跃思维,实现核心素养的提升。

"高三一轮复习:电化学复习"案例中有如下片段:

【提问】同学们,在高一、高二的时候,我们学习了原电池和电解池。讲台上有很多材料,请两位同学上来分别搭建一下原电池和电解池的装置。

【板书展示】铜片、锌片、铁片、石墨棒、导线、电源、稀硫酸、食盐水、酒精溶液、蔗糖溶液、氯化铜溶液、稀盐酸。

【提问】根据同学们所搭建的装置,观察装置,归纳出原电池和电解池的构成条件。

在这一片段中,复习的知识点为原电池和电解池的构成条件,一般的复习方法为教师归纳整理原电池和电解池的构成要素,而本案例中教师利用实验,让学生在众多的材料中自己动手组建原电池与电解池,可以加深巩固学生对旧知的复习与回顾,同时可以查找学生的知识缺漏,具有针对性和深刻性。学生不同的组建方式体现了创造性和思维的发散性。

6) 归纳总结,形成一般思路

奥苏贝尔的学习理论认为,采用建模思想,将化学问题中次要的、非本质的信息舍去,可使本质的信息变得更为清晰,更容易纳入学习者已有的知识框架中,使教师在教学时正向迁移变得更容易。在复习课结尾处的归纳总结,对一类问题形成知识共性,归纳出该类问题的一般思路,也是建模思想的一种体现,它能帮助学生更容易地解决一类问题。

"探究乙醇汽油的燃烧产物——混合气体的检验与吸收"案例中,在复习后教师设计了以下板书:

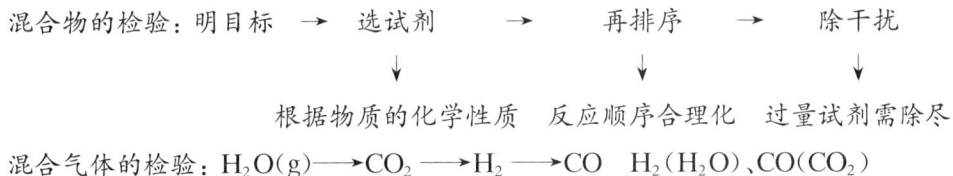

混合物的检验:明目标　→　选试剂　→　再排序　→　除干扰

根据物质的化学性质　反应顺序合理化　过量试剂需除尽

混合气体的检验:$H_2O(g) \longrightarrow CO_2 \longrightarrow H_2 \longrightarrow CO$　$H_2(H_2O)$、$CO(CO_2)$

该板书从混合物检验的一般思路出发,引出同属于混合物检验的混合气体检验的一般思路,由此学生对于混合物检验这一问题有据可依,无论题目如何变化,学生均可拨开迷雾,快速地寻找到解决问题的关键。

综上所述,可以得出属于复习课和讲评课的一般方法流程(见图4-1、图4-2)。

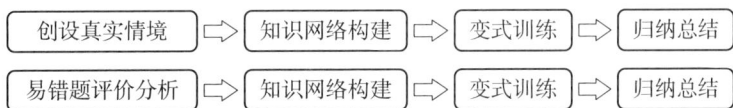

图4-1　复习课的一般方法流程

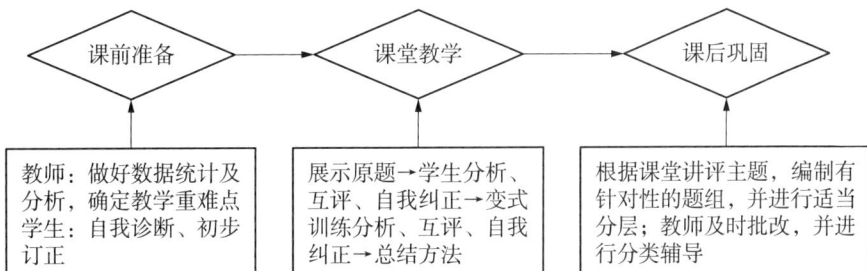

图4-2　讲评课的一般方法流程

二、"探究氢氧化钾溶液的变质"教学案例研究

1. 背景介绍

2009 年,美国学者提出的 21 世纪核心技能就包括了学习与创新技能,例如,创造力与创新、批判思维与问题解决、交流沟通与合作。核心素养不是直接由教师"教"出来的,其形成必然是知识、思维、品格与具体课堂教学相互交织作用的结果,并且是在学生与课堂学习持续有效的互动中生成的。所以,化学教学要注重基于学习者的教学设计,在深入分析、研究学习者的知识、能力、素养等情况后,在教学设计中有意识地嵌入相关教学过程,有意识地弥补学习者在上述方面的不足,逐步提高学生的学科核心素养。

"探究氢氧化钾溶液的变质"一课,作为临近中考的最后一轮复习课,其目的是梳理学生在知识点、能力点和学科素养等方面存在的问题。通过教师基于学习者的教学设计,有意识地对学生进行引导,关注迁移能力、应变能力、实验探究能力、分析能力等关键能力和学科核心素养的培育,着眼于学生后续学习和发展,帮助学生构建完善的知识和能力体系。

2. 设计思想

1) 教材分析

酸、碱、盐知识是初中化学中的重要部分,该部分的知识点是对学生初中化学知识和思维品质的综合检验。KOH 的化学性质与 $NaOH$ 相似,教师通过知识迁移,设计实验探究,将物质的检验与除杂两大知识点相结合,培养学生的分析能力、思维能力、表达能力等综合能力,体现"证据推理与模型认知""实验探究与创新意识""科学精神与社会责任"等学科核心素养。

2) 学情分析

虽然酸、碱、盐知识是初中化学教学的难点,但是通过前期的教学,学生对于酸、碱、盐的化学性质和物质的检验与除杂等知识点已经滚瓜烂熟。然而,在能力或学科素养方面却存在以下问题:

(1) 缺乏知识架构,迁移能力薄弱。化学教学中,学生对某个问题能够较好地解决,但以后碰到类似问题还是一变就错,学业水平难以继续提高,这可能与学生知识结构化程度不高、认知结构欠佳有关系。以酸与碱反应为例,学生对于盐酸与氢氧化钠反应的化学方

程式非常熟悉,但是若向学生指出胃酸的主要成分是盐酸,如果胃酸过多可用含有氢氧化镁或氢氧化铝的药物治疗,并请学生写出盐酸与氢氧化镁或氢氧化铝反应的化学方程式,一时间学生就会无从下手。究其原因在于学生对中和反应的原理并未掌握,只是通过识记的方法学会了盐酸与氢氧化钠化学方程式的书写,同时学生的知识迁移能力也比较薄弱。

（2）产生思维定势,缺少创新意识。在化学教学中我们经常会发现,对于某些问题学生其实是懂的,却总是答不到点上;或者对于某些问题的答案永远是千篇一律。究其原因,是因为学生对知识的理解只是停留在表面,或是对某一知识点产生思维定势。以混合气体的检验为例,在混合气体的检验中经常以氢氧化钠溶液来除尽混合气体中多余的 CO_2,对于这点学生已经烂熟于心。但是,对于氢氧化钠溶液也可以用于检验是否存在 CO_2,不少学生却无法理解。这说明学生缺少创新意识,且对于知识点的掌握仅仅在表面,并未深入理解,应变能力较弱,无法根据情境的变化转化已有的知识。

（3）知识体系缺漏,有碍后续发展。新课程、新教材更加突出对学科核心素养的培养,而学生在新授课中习得的知识往往具体、零散和孤立。九年级学生接触化学时间尚短,知识体系尚不完善。

针对以上的问题,教师首先应该在教学中进行实验创新的引导和示范,通过创设新的教学情境,引导学生能运用已学的知识,将知识迁移、运用到不同的情境中,完成特定的任务或问题,从而构建完整的知识体系,培养迁移能力、应变能力、问题解决能力、实验探究能力、创新意识等科学核心素养及关键能力。

3）教学流程

教学流程如图 4－3 所示。

3. 教学过程

1）新情境的引入,培养学习能力

对情境的学习力和应变力是素养的核心。素养在情境中形成、抽象、迁移、转换。素养的形成意味着个体在以往的情境中具有足够的学习力,能在新情境中迅速寻找到自己想要的资源,建立知识间的联系,对新情境进行判断和问题解决。

教学环节 1（见表 4－1）：

表 4－1

教师活动	学生活动	设计意图
【提问】昨天老师在实验室里看到三瓶置露在空气中的氢氧化钾溶液。老师查了一下资料,发现氢氧化钾的化学性质与氢氧化钠相似,请猜测一下这三瓶氢氧化钾溶液可能有哪些组成?	聆听。	通过学生不熟悉的材料,引导学生阅读资料,思考相关知识点,培养学生的知识迁移能力、分析能力和问题解决能力。

主题线	情境线	问题线	学生活动线	素养与能力
单一碳酸盐的检验	通常人们用稻草点燃农家灶台，查阅资料后得知稻草燃烧后的草木灰主要成分是碳酸钾。	请以小组为单位，设计实验验证草木灰的主要成分是碳酸钾。	讨论与设计 1. 以小组为单位交流、讨论、设计验证实验。2. 集体交流。	树立"化学源于生活"的理念。
		猜测这三瓶氢氧化钾溶液可能有哪些组成？	讨论与猜想 通过氢氧化钠的化学性质，推导氢氧化钾的化学性质。	培养知识迁移能力及问题解决能力。
		请以小组为单位，设计实验检验氢氧化钾溶液的成分。	设计与实验 1. 以小组为单位交流、讨论、设计实验。2. 集体交流。	培养分析能力和实验探究能力。
变质的氢氧化钾的检验	昨天老师在实验室里看到三瓶置露在空气中的氢氧化钾溶液。查阅资料，发现氢氧化钾的化学性质与氢氧化钠相似。	请各位同学评价一下，用澄清石灰水和浓盐酸能否检验该实验物质的组成？	讨论与评价 分别评价在该实验中能否运用澄清石灰水和浓盐酸，并得出结论：使用适量石灰水可以提纯KOH。	构建"检验与除杂"知识框架。
			实验与思考 动手实验，通过观察到的不同实验现象，得出结论：一定浓度的盐酸也可以用于检验KOH溶液是否变质。	培养实验探究能力和创新意识。
得出混合物检验的一般思路	从探究氢氧化钾溶液是否变质这一实验中，我们能否得到探究溶液中是否存在氢氧化钾和碳酸钾的检验方法？	探究氢氧化钾溶液是否变质和四种气体的检验一样，都是属于混合物检验的范畴。同学们，现在老师要考考你们，能否从中总结出混合物检验的一般思路？	交流与思考 通过交流、讨论，得出混合物检验的一般思路。	构建"混合物检验"一般思路，形成解决该问题的方法。

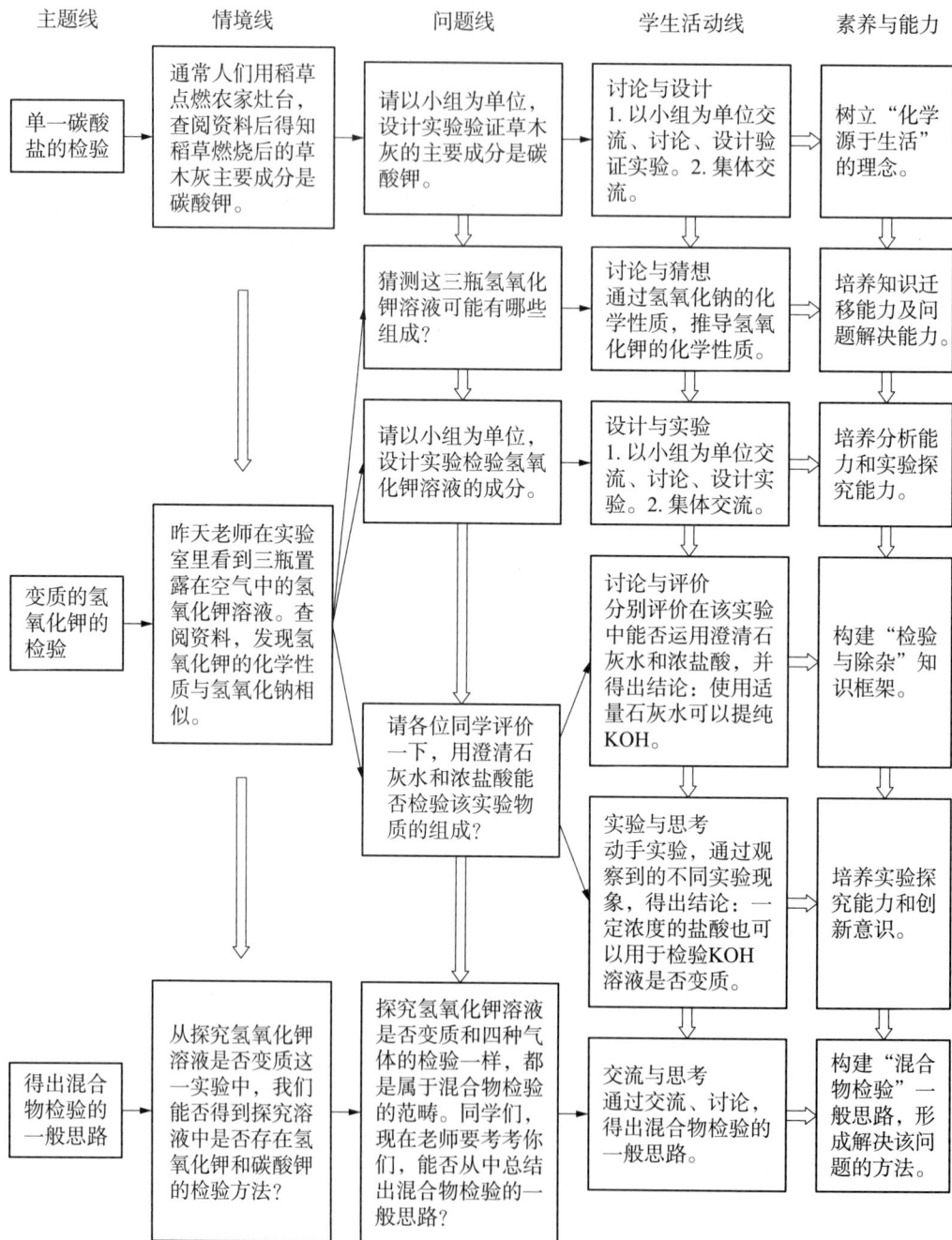

图4-3 教学流程

在本环节,教师以学生不熟悉的氢氧化钾溶液入手,指出"氢氧化钾的化学性质与氢氧化钠相似",这一信息提出后,大部分学生仍处于懵懂阶段,于是教师进行耐心引导,如表4-2所示。

表4-2

教师活动	学生活动	设计意图
【提问】氢氧化钠溶液置露在空气中一段时间后会怎样? 【追问】氢氧化钾的化学性质与氢氧化钠为什么相似? 【追问】碱能与酸性氧化物反应,生成盐和水。所以,如果氢氧化钾溶液置露在空气中一段时间后会怎样?	【回答】氢氧化钠溶液与二氧化碳反应会产生碳酸钠和水。 【回答】两者都是碱。 【回答】氢氧化钾溶液与二氧化碳反应会产生碳酸钾和水。	引导学生从已知的知识出发,学会知识迁移。

在本环节,教师通过设计"猜测氢氧化钾溶液变质后可能的组成成分"这一问题,展示"氢氧化钾的化学性质与氢氧化钠相似"的信息;通过"碱具有通性"建立两者间的联系,引导学生对该情境进行判断和问题解决。

2) 不同情境呈现,改善应变能力

应变能力是重要的学习素养之一,是指能够根据不同的情境,运用已知的知识和已有的能力对新情境做出判断,采用最合理和最有创意的解决方法,而不受原知识和情境的限制。

教学环节2(见表4-3):

表4-3

教师活动	学生活动	设计意图
【提问】(出示农家灶台照片)图片里的东西,我想很多同学都应该很熟悉,我们通常用稻草或柴禾来点燃灶台,你们知道稻草在燃烧后会变成什么? 【提问】草木灰的主要成分是什么? 【提问】草木灰的主要成分是不是碳酸钾?如何来验证? 【追问】滴加氯化钡溶液,产生白色沉淀,就说明一定有碳酸根吗? 有没有其他物质在滴加氯化钡溶液后也产生白色沉淀呢? 【追问】那么如何能确定一定含碳酸根? 如何修改设计方案? 【追问】含有碳酸根,是否说明一定是碳酸钾? 若是碳酸钠呢? 能否再完善一下方案?	【回答】草木灰。 【回答】碳酸钾。 【回答】取样,滴加氯化钡,产生白色沉淀,说明含碳酸根。 【回答】硝酸银溶液或者硫酸盐溶液在滴加氯化钡溶液后,也产生白色沉淀。 【回答】取样,滴加稀硝酸,产生气泡;将气体通过澄清石灰水中,石灰水变浑浊,说明含碳酸根。 【回答】取样,滴加稀硝酸,产生气泡,说明含碳酸根;用焰色反应,透过蓝色钴玻片,火焰呈紫色,说明含钾元素。	设计学生熟悉的教学情境,引起学生的共鸣,让知识融入情境之中,更容易被学生理解、消化和吸收。 破除学习中产生的思维定势,帮助学生理解"不同的情境,应采用不同的方式处理"。

(续表)

教师活动	学生活动	设计意图
【小结】我们在检验时,选择的方法必须考虑干扰问题。比如,在检验碳酸盐时,既可以采用滴加氯化钡溶液的方法,也可采用滴加稀硝酸的方法,但如果存在的是硫酸盐,而不是碳酸盐,在滴加氯化钡溶液后,也会产生白色沉淀,干扰了正确的判断。		

在检验碳酸盐时,学生首先采用了滴加氯化钡溶液的方法。之所以会出现这种情况,说明虽然学生对"探究氢氧化钠变质情况"这一类问题得心应手,却缺少应变能力,对于不同的问题情境,不会采用不同的方法,无法做到活学活用。所以,在本环节通过两种不同情境的呈现,让学生具有创新的意识,培养应变能力。

3) 打破思维定势,树立探究意识

九年级学生初步接触化学,难免会出现学科性错误或漏洞,这对学生后续学习很不利。因此,创造机会,打破学生的思维定势,让学生开拓眼界,对学生的未来发展很有益处。学习是一个理解的过程,学生对化学理论的理解、应用和分析等有赖于他们的思维水平。九年级学生的思维方式仍以直观思维为主,所以对一些比较难理解的知识,可以通过实验等较直观的方法去呈现。

教学环节3(见表4-4):

表4-4

教师活动	学生活动	设计意图
【提问】同学们都选择了 $BaCl_2/CaCl_2$ 和酚酞来检验组成成分。但你们会发现老师为你们准备的材料中,还有另外两种试剂。请各位评价一下,用这两种试剂能否检验该实验物质的组成?	【回答】1. 石灰水在本实验中不可行。因为氢氧化钙会与碳酸钾反应生成氢氧化钾,所以无论待测液中有没有氢氧化钾,都会使酚酞变红。 2. 浓盐酸在本实验中不可行。因为浓盐酸会中和氢氧化钾,所以无论待测液中有没有氢氧化钾,都不会使酚酞变红。	1. 引起学生学习经验与事实间的冲突,引导学生探究。 2. 构建"物质检验与除杂"知识体系,形成知识框架,使知识结构化、系统化,便于学生更好地理解。关注细节,强调试剂量的问题。
【提问】首先,我们从第一位同学的评价中发现,虽然不能用石灰水来检验该物质组成,但我们却能用它来除去碳酸钾,提纯氢氧化钾。但是此时要求的是什么量比较合适?	【回答】适量。	
【提问】第二位学生认为浓盐酸不能用于检验氢氧化钾有没有完全变质,因为浓盐酸会与氢氧化钾优先反应,那我们从另一角	按教师要求完成实验。	用实验向学生直观展示一定浓度的盐酸可用于检验氢氧

(续表)

教师活动	学生活动	设计意图
度是不是可以认为,如果刚开始不产生气泡,就说明有氢氧化钾存在? 不如我们用实验来证明一下吧…… 【小结】从这个实验我们可以看到,一定浓度的盐酸也可以检验氢氧化钾溶液有没有完全变质,所以只有勇于实践、勇于探究,才能掌握真知。		化钾是否完全变质,打破原有的思维定势。

从以上环节很明显地看到,由于各种原因,九年级学生的知识是不完善的,比如他们认为只用盐酸是无法检验溶液中是否同时存在氢氧化钾和碳酸钾的,而教师的实验设计用实验现象直击存在于学生脑海中的错误观念,让学生了解只要控制好盐酸的浓度,只用盐酸也可以观察到不同的现象。这一过程拓宽学生视野,培养实验探究,树立创新意识。

4. 教学反思

本课是临近中考前的一堂专题复习课,教师首先对学生的知识、能力和学科素养等层面进行研究,寻找出存在的问题,并有针对性地开展教学设计,在完成构建知识体系的同时,着力于培养学习者的迁移能力、应变能力、问题解决能力、实验探究能力和创新意识。

在本课中,各环节环环紧扣,从导入部分的氢氧化钾溶液变质到最后实验环节,每一步都在引导学生思考,置学生于新的情境中,将旧知与新知相融合,使复习课不再枯燥,很好地调动了学生的积极性,使得教学目标的达成度比较高。同时,不断地用直观的方式刷新学生的认知,弥补前概念给学生带来的影响,培养学生的实验探究与创新意识。

综上所述,深入了解学生的情况,包括认知水平、能力水平、喜好、特点等,对于培养学生的核心素养及关键能力有很好的指导作用。

（本教学案例研究由上海市奉贤区青村中学柴彦蕾撰写）

三、"电化学"教学案例研究

1. 问题的提出

新课程以发展学生的化学学科核心素养为主旨,重视开展素养为本的教学。电化学中原电池与电解池的核心原理是氧化还原反应,可以从微观的角度去分析宏观的现象,并构建电化学模型,所以笔者侧重培养"宏观辨识与微观探析"和"证据推理与模型认知"的学科核心素养。在复习电化学的过程中,注重引导学生从分析电化学装置中微观粒子的角度出发,以模型的搭建唤起学生对旧知的感悟,从微观粒子角度出发探析原电池与电解池的异同点,进行证据推理,找出共性,总结规律,从而解决电化学的实际问题,建立思维模型,为基于化学学科核心素养的教学设计提供案例参考。

2. 设计思想

1) 教材分析

本课内容是沪科版《化学》高三拓展第四章第二节的内容,是对氧化还原反应复习后的延伸内容。在《上海市高中化学学科教学基本要求》中要求学生达到的学习水平为B级:能复述原电池和电解池的概念和组成;识别原电池和电解池的两电极以及两电极发生的反应类型;对铜锌原电池,电解饱和食盐水以及氯化铜溶液能说出实验现象;会书写三个反应的化学方程式。本课内容由表及里,逐步深入探究原电池与电解池的工作原理,正确搭建原电池与电解池装置模型,建立电化学模型思想,搭建起原电池与电解池的微观粒子运动与宏观现象之间的桥梁。

2) 学情分析

学生在高一化学中初步学习了原电池与电解池的内容,此时在高三一轮复习时已经相隔了很长的时间,学生对于电化学的知识已经淡忘。学生对于透过现象看本质的分析能力与模型建构能力在高一、高二的学习中有所成长,但仍有欠缺,对于模型的建构和思维导图的形成方面尚有不足,对于原电池和电解池的综合利用上存在局限性。教师需要将原电池与电解池进行对比分析,串联知识点,建构电化学的知识体系。

3) 教学流程

教学流程如图 4-4 所示。

| 主题线 | 情境线 | 学生活动线 | 素养能力线 |

| 电化学复习的引入 | 水果电池的演示实验 | 感受电化学在生活中的应用 | 提高学生对知识迁移应用的能力 |

| 原电池与电解池的构成条件复习 | 能否利用已给的材料搭建一个原电池与电解池 | 根据所提供的材料搭建一个原电池与电解池装置 | 培养学生模型认知的素养能力 |

| 铜锌原电池的原理与电解池的原理分析 | 演示铜锌原电池与电解池（电解饱和食盐水和氯化铜溶液）的实验 | 画出装置的模型原理图，根据实验现象和装置图分析得出原电池与电解池的原理 | 培养学生宏观辨识与微观探析能力、证据推理与模型认知的素养能力 |

| 对比原电池与电解池装置，找到共性，提高解决电化学问题的能力 | 提出问题：原电池与电解池有不同点，那么它们有什么共性？ | 小组合作分析、总结、概括原电池与电解池的共性，理解电化学的本质，加深对模型的认知 | 提高学生对问题的分析能力，培养学生合作共赢的意识，进一步加深学生对模型的认知能力 |

| 复习巩固练习，进行变式训练 | 给出练习，根据原题进行变式训练 | 运用本堂课的知识灵活解决化学实际问题 | 培养学生科学规范的答题能力和对问题严谨思考的态度 |

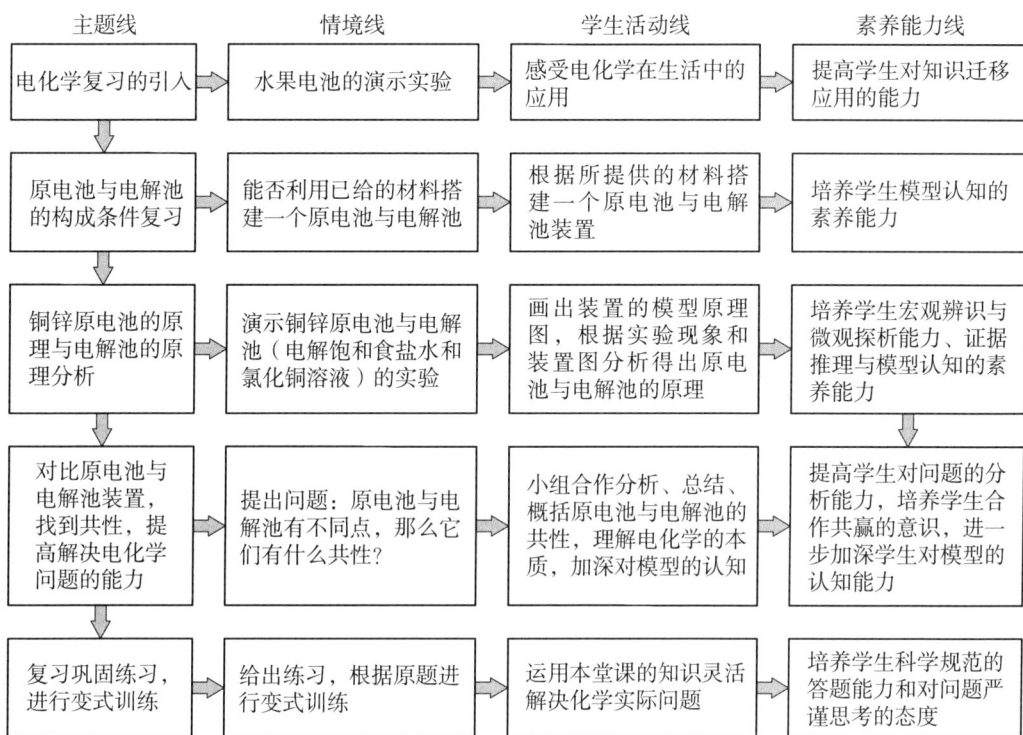

图 4-4　教学流程

3. 教学过程

1) 实验引入,激发学习动力,发散思维

这一环节如表 4-5 所示。

表 4-5

教师活动	学生活动	设计意图
以"水果电池"实验引入,展开本节课的复习内容,引出电化学复习内容	观察实验,感受电化学在生活中的运用	以生活中的趣味小实验激发学生学习兴趣,让学生感受化学的魅力,引发学生对知识迁移应用的思考

　　高三化学复习阶段时间安排十分紧凑,学生的学业压力也非常大,复习巩固的知识容易让学生感到枯燥乏味,因此适当地增加一些有趣的实验,能激发学生学习的热情,让学生化被动为主动,提高学习效率。构建新情境能激发学生对知识迁移应用的思考,让学生感悟到在生活中化学知识无处不在,让学生体会到化学知识能给他们带来美好生活,让他们感受到化学知识的魅力,这有助于激发学生的创造性思维,让学生开拓视野。在水果电池实验中,让学生观察装置,对接下来复习原电池的装置结构起到了引导作用。学生初步构建了原电池的装置模型,提高了对于模型认知的核心素养。

2）搭建装置模型，有利于巩固旧知

这一环节如表 4 - 6 所示。

表 4 - 6

教师活动	学生活动	设计意图
【提问】在高一、高二的时候，我们学习了原电池和电解池。讲台上有很多材料，请两位同学上来分别搭建一下原电池和电解池的装置。 【板书展示】铜片、锌片、铁片、石墨棒、导线、电源、稀硫酸、食盐溶液、酒精溶液、蔗糖溶液、氯化铜溶液、稀盐酸。 【提问】根据同学们所搭建的装置，观察装置，归纳出原电池和电解池的构成条件。首先来分析原电池。 【板书】 电极 —— 活泼性不同的金属或非金属导体（燃料电池的电极一般为惰性电极） ↓ 溶液 —— 两电极插入电解质溶液中 ↓ 回路 —— 形成闭合回路 ↓ 本质 —— 有氧化还原反应发生 【提问】我们再来看一下电解池的构成条件。 【板书】 电极 —— 与电源相连的两个电极 ↓ 溶液 —— 两极插入电解质溶液中 ↓ 回路 —— 形成闭合回路 ↓ 本质 —— 有氧化还原反应发生	【动手操作】搭建装置，进行展示。 两位同学上台搭建装置，其余同学通过回忆书写构成条件。 【回答】原电池构成要素： ① 有两个电极（要求金属活动性顺序不同的金属或非金属导体）； ② 需要电解质溶液； ③ 要形成闭合回路。 【回答】电解池构成要素： ① 与电源相连的两个电极（可以都是惰性电极）； ② 电解质溶液； ③ 要形成闭合回路； ④ 有电源。	通过学生对旧知的回忆，搭建原电池和电解池的基本装置。化学是一门实验性的学科，本环节通过实验装置的搭建，提高学生的动手实验能力。提高学生的学习热情，避免枯燥乏味的概念陈述。通过动手搭建装置能更有效地让学生回忆旧知，并在之后的教师点评中发现自己的问题所在，加深对知识概念的理解。

这个环节主要是对学生旧知的回顾，而回顾的方式并不是板书的复习梳理，而是让学生自己动手搭建装置。复习课的形式应该是多样化的，而不是单一的讲练结合或知识点的罗列与梳理。复习策略的多样性有助于学生的知识构建。虽然实验会花费一定的时间，而高三化学复习课又时间紧凑，但实验在化学教学中的作用非常之大，我们培养的不是做题机器，而是从多方面培养学生的学习能力。动手搭建装置不仅能加深学生对原电池和电解池模型的理解，而且在学生搭建装置中出现错误后，在教师点评和同学帮助下，能巩固电化学基本概念，在今后不再发生类似错误，从而提高了学生课堂学习效益。

3）构建模型,搭建宏观与微观的桥梁,提高学生核心素养

这一环节如表 4-7 所示。

表 4-7

教师活动	学生活动	设计意图
【提问】那么我们如何来区别原电池和电解池装置呢? 【板书】判断区别:有无电源。 【回顾】接下来,我们要回顾原电池和电解池的反应原理。 【讲述】我们在之前学习的是哪个原电池? 【提问】那么,我们请一位同学来回忆一下铜锌原电池。 【提问】铜片和锌片分别做什么极?为什么? 【演示视频】我们来看一下原电池的实验视频,从视频中你能看到什么现象?分析下列问题: 能量的变化情况; 电子的流向; 溶液中离子的流向; 电极发生的反应; 反应的本质。 【进行小组讨论】 回顾完铜锌原电池,请大家根据之前给的材料再组建一个原电池,并分析回答老师的问题。 【过渡】分析完了原电池,我们再分析电解池的原理,之前我们学习了哪个电解池装置? 【提问】那么电解池的两个电极称为什么?这里都以石墨为电极,怎么区分哪个是阳极?哪个是阴极? 老师换了一个电解池的装置,这次是电解氯化铜的装置。 【实验】通电一段时间后,用湿润的淀粉碘化钾试纸放在阳极处,发现变蓝;阴极拿出来展示,发现电极上有铜附在上面。 【提问】根据实验现象,判断下列问题: 能量的变化情况; 电子的流向; 溶液中离子的流向; 电极发生的反应; 反应的本质。	【回答】 根据装置的不同性,原电池没有电源,电解池有电源。(最直接的判断方式) 【回答】铜锌原电池。 【回答】铜做正极,锌做负极,活泼的做负极。 【回答】 化学能转化为电能(有电流的产生); 电子从负极流出,正极流入; 阳离子向正极移动,阴离子向负极移动; 正极发生还原反应,负极发生氧化反应; 氧化还原反应。 【思考】发散思维,自由构建装置。 【回答】电解饱和食盐水。 【回答】叫做阴极和阳极,与电源正极相连接的是阳极,与电源负极相连接的是阴极。 【观察】 【回答】 电能转化为化学能; 电子从阳极流向正极,从负极流向阴极; 阳离子向阴极移动,阴离子向阳极移动; 阳极发生氧化反应,阴极发	学生在作业单上自行构建原电池和电解池装置模型。通过模型的认知,再透过实验现象进行证据推理,完善模型的构建。通过实验,用实验产生的现象,从宏观角度去探究微观粒子在装置中的变化。让学生自行构建出原电池与电解池的模型,结合模型进一步探析微观粒子的运动情况,再从微观粒子的运动情况去反证实验所产生的现象,加深学生对概念的掌握。同时通过小组合作,加深学生之间的互动,提高学生的沟通能力和合作能力,让德育渗透学科教学。学生思维的碰撞会产生出新的创意,这也是化学所追求的创新思想。最后通过两个模型的构建,让学生回到最初的装置搭建,利用电化学知识创造性地搭建出各种各样的电化学装置,提高学生创新意识的学科核心素养。

（续表）

教师活动	学生活动	设计意图
【进行小组讨论】	生还原反应； 氧化还原反应。	
【提问】我们回忆一下,这里电解氯化铜溶液,阴极产生的是单质铜,但是在电解饱和食盐水时,阴极的产物是什么?	【回答】是氢气。	
【提问】氯化铜溶液中也有水电离出的氢离子,为什么这里是有铜析出,而不是放出氢气?	【回答】因为铜离子的得电子能力比氢离子要强。	
【提问】同样的,阴离子会定向移动到阳极,氢氧根也会移动到阳极,为什么是氯离子参与了反应,而不是氢氧根离子?	【回答】因为氯离子的失电子能力比氢氧根离子要强。	
【提问】看了这个放电顺序,回忆电解饱和食盐水时,两个电极的材料用了铁棒和碳棒,根据两个电极发生的反应和放电顺序,思考一下,两个电极的材料选择有什么要求吗?	【回答】根据上述放电顺序,金属失电子能力较强,这里就不能用铁棒做阳极。所以得出的结论是,在电解氯化铜和饱和食盐水装置时,一般阳极用惰性电极。	
【提问】从最初的那些材料再组建一套电解池的装置,并回答老师的问题。	【思考】发散思维,自由构建装置。	

　　本环节是本节课的重点内容所在,系统地梳理了原电池与电解池的电极反应及现象,利用实验产生的现象,从宏观角度去探究微观粒子在装置中的变化。让学生自行构建出原电池与电解池的模型,结合模型去进一步探析微观粒子的运动情况,再从微观粒子的运动情况去反证实验所产生的现象,加深学生对概念的掌握,让"宏观辨识与微观探析"的学科核心素养得到充分地提升。通过小组合作探究,能让学生在合作过程中充分展示思维的过程,实现高频度的思维交流和碰撞,使学生的解决问题能力得到提升。复习课要做到的不仅仅是让学生巩固知识,更应该能让学生提高知识的迁移应用能力,通过学习方法的锻炼和思维的提升,在今后的学习中能根据自己的需求去进行复习,真正让学生成为学习的主人,化被动为主动。小组合作的过程能加深学生之间的互动,提高学生的沟通能力和合作能力,让德育渗透学科,让复习课的功能更加多样化。最后通过两个模型的构建,让学生回到最初的装置搭建,利用掌握的电化学知识创造性地搭建出各种各样的电化学装置,提高学生创新意识的学科核心素养。

　　4）对比分析,总结一般规律,拓展思维深度,提高学习能力

　　这一环节如表4-8所示。

表4-8

教师活动	学生活动	设计意图
【过渡】在梳理了原电池和电解池的相关知识点后,同学们经常会把它们两个相混淆,那么我们应该整理出它们的共性。 【引导讲述】 共性①:不管是原电池还是电解池,电子总是从负极流出; 共性②:"异性相吸",电子是带负电的,吸引阳离子,所以阳离子总是会向电子流入的电极移动(分析原电池和电解池); 共性③:谁强谁放电(分析原电池和电解池的产物)。	【思考】总结回答。	系统整理电化学中原电池与电解池的共性,总结出一般规律,有助于学生能力的提升和思维的培养,夯实学生的基础。

　　这个环节是本节课的升华所在。在课堂上教师与学生通过互动交流,构建原电池与电解池的模型,探析微粒的运动情况之后,将两者有机结合在一起,成为一个一般的共性规律去解决实际问题,有助于学生能力的提升和思维的培养。而通过共性规律的总结可以夯实学生的基础,让学生的知识与技能基础到位,从一开始简单的单模型概念到后面的双模型混合概念,由浅入深,让学生渐进式小步前进,思维方法逐渐到位。通过两模型的对比总结共性规律,锻炼了学生的思维深度,有助于学生在其他内容的学习中发挥发散性和创造性,甚至能发展出自己独特的解决问题的思维方法。

　　5) 讲与练相结合,变式训练,强化新知与旧知

　　这一环节如表4-9所示。

表4-9

教师活动	学生活动	设计意图
课堂练习 【课堂练习1】 图中能验证氯化钠溶液(含酚酞)电解产物的装置是(　　)。 A.　　　　B.　　　　C.　　　　D. 【课堂练习2】 如右图所示,装置中含有同浓度的氯化铜和盐酸,下列有关说法错误的是(　　)。 A. d为石墨,铁片发生氧化反应 B. d为石墨,电子从铁片流向石墨 C. d为锌块,铁片做正极 D. d为锌块,铁片上有大量气泡生成	进行思考,练习	通过针对练习,反馈本节课的效果,同时通过精选例题和练习,强调规范,严格训练,培养学生良好的学习习惯。

学生光听、想是不够的,还需要练,只有通过想、听、练结合,教学才会有实效。复习不是教师自我表演的舞台,也不是知识的细致罗列和简单整理,而是学生通过想、听、练有机结合的多种活动,形成真正的学习能力。通过精选例题和练习,强调规范,严格训练,培养了学生良好的学习习惯。题目的选择要契合学生当前的学情与能力的发展。进行变式训练,锻炼了学生灵活的解题能力和思考能力,培养了学生严谨的科学态度。

4. 教学反思

电化学原理以及应用在高中化学中占有重要的地位,而学生在解决电化学问题时总是谈"电"色变。所以教师还是需要引导学生对电化学进行模型构建和模型提炼,通过模型的异同点来梳理总结出电化学知识。同时利用原电池和电解池的实验现象,让学生从宏观视角思考为何出现的现象是这样的,该如何去做解释,再从模型中的微观方面,如电子的转移、电流的方向、发生的反应类型、现象的产生与电子得失的关联,架起宏观与微观的桥梁,将两者有机地结合在一起去思考原电池与电解池的原理,探讨电化学的本质。由浅入深、由散到整的复习思路,以旧引新,唤醒学生对旧知的回忆,同时又能提高学生解答电化学综合题目的能力。加强不同阶段学习内容之间的联系,可以使学生的知识更加系统化、结构化,同时从原电池和电解池的本质(氧化还原)去分析微粒的移动和变化,能让学生透过现象理解本质。本课中反复利用原电池和电解池装置的比较,不断深化微粒变化规律,加深学生对电化学的知识构建,促进"宏观辨析与微观探析""证据推理与模型认知"的学科核心素养培养。

当然本课还有很多需要改进的地方,例如如何自然地过渡,让学生形象、深刻地体会电化学装置中的微观变化过程,建立清晰明确的思维模型,还需要研究和改进。

(本教学案例研究由上海市奉贤区曙光中学马文斌撰写)

四、"基于以生为本的初三化学讲评课"教学案例研究

1. 背景介绍

有效的课堂教学应以生为本,即以学生的积极参与为前提,倡导自主学习、合作学习、探究学习。把思考的时间和空间还给学生,让学生有充分表达自己想法和展示思维过程的舞台,让他们在质疑和讨论交流中获取知识,提升能力,感受成功的愉悦。

试卷评讲是总复习阶段尤为常见和重要的常规课型之一,但在日常的试卷讲评课中,我们经常可以看到低效甚至是无效的现象:

(1)注重面面俱到,忽略主次需要。教师习惯于从试卷的第一题开始一讲到底,看似面面俱到,实则主次不清,既耗时多,又缺乏层次性和针对性,学生也会觉得枯燥,课堂气氛沉闷,课堂效率低下。

(2)注重单向传授,忽略学生参与。教师"一言堂",整个教学过程中学生很少有表达和交流的机会,更缺乏思辨的过程和思维深化,导致相当一部分学生知其然而不知其所以然。

(3)注重就题论题,忽略变式训练。较多教师习惯于就题论题,注重知识点的归纳,但容易忽略解题方法的归纳总结和适时的举一反三、变式训练,缺乏教师指导之后学生掌握情况的真实反馈。

因此,本文以某次测试题讲评为例,在避免讲评课弊端的基础上,积极探索初中化学试卷讲评课的有效模式,激活以生为本的初中化学课堂。

2. 设计思想

建构主义认为,学习是观念(概念)的发展或改变,而不是新信息的简单积累。美国认知教育心理学家戴维·奥苏贝尔在其著作《教育心理学:认知观》的扉页上写道:"影响学习的唯一最重要的因素就是学生已经知道了什么,要探明这一点,并应据此进行教学。"因此,研究学生已有的认知基础和思维方式,弄清其对学习和理解新知识会造成什么样的障碍与影响,再据此进行新知识的传授,是实现有效教学的前提。课前,教师应通过仔细研究学生答题情况,明晰学生存在的知识漏洞,了解学生失分原因,并在此基础上制定教学目标。此外,不但要引导学生查漏补缺、夯实基础,更要引导学生掌握方

法、熟练技巧、开阔思路、提高分析问题和解决问题等能力,同时也要充分调动学生主动学习和团队合作的积极性,避免总复习阶段长期枯燥、被动地应付式学习。让学生在一次次自主扫除知识盲点、掌握解题技巧、提高分析和解决问题能力的同时,树立学习的信心,享受进步的喜悦。

1) 学情分析(区内某中学借班上课)

(1) 基本情况(见表 4 - 10)。

表 4 - 10

实考人数	平均分	及格率	优秀率	优良率	低分率
46	46.93	95.65%	32.61%	56.52%	0

(注: 及格≥29 分;优秀≥54 分;优良≥48 分;低分≤15 分)

(2) 存在的问题(见表 4 - 11)。

表 4 - 11

题号	得分率(%)	知识点	失分原因	
			知识层面	核心素养层面
49(18)	23.91	分析混合溶液中的溶质成分	较多学生写了碳酸钠与氯化钙或氢氧化钙的反应方程式,没有理解题目	实验探究和证据推理的能力较为欠缺
51(9)	45.65	影响物质溶解性的因素	"溶质""溶剂"等专有名词表述不清晰或不完整	
48(8)	45.65	微观角度分析变化	审题不清,没关注到"微观角度分析",没有理解题意	宏观辨识与微观探析的能力较为欠缺
52(14)	46.74	综合探究题(定性、定量分析)	单选 C 的较多,定量分析能力较薄弱	实验探究和证据推理的能力较为欠缺
51(8)	50	影响燃烧剧烈程度的因素	语言表述不准确,较多学生写"反应物的浓度"	
46	56.52	混合气体的检验	认为氢氧化钠固体只能吸收水蒸气或二氧化碳,因此选 B、C 的较多	证据推理及分析能力有待提高
45	58.70	分析变量的图像题	没有理解反应前后物质或元素的含量变化	变化观念与平衡思想有待提高
40	63.04	物质的除杂	没有理解物质除杂的方法	
49(21)	67.39	分析混合溶液中的溶质成分	没有理解混合溶液中的溶质成分分析,综合分析能力薄弱	实验探究和证据推理的能力较为欠缺
49(19)	67.39	分析混合溶液中的溶质成分	没有理解混合溶液中的溶质成分分析,综合分析能力薄弱	实验探究和证据推理的能力较为欠缺

通过统计各小题得分率得知,本班学生第 49 题的得分率非常低。其中,第 49 题的
(18)空,得分率为 23.91%;该题的(19)空和(21)空,得分率都为 67.39%。分析题型可
知,该题是分析混合溶液中的溶质成分。

初中化学的学习已接近尾声,学生已基本掌握了中学化学各部分的知识以及基本
实验原理和实验方法。但在新情境下,综合运用酸、碱、盐的化学性质分析混合溶液中
的溶质成分依然是一个易失分的难点。

此外,该班学生因语言表述不完整、不清晰或不规范而失分的现象也比较普遍,反
映了学生对相关知识点理解不透彻或语言组织和表达能力的欠缺。

2）教学目标

（1）知识与技能。

- 巩固酸、碱、盐的化学性质;
- 巩固试题涉及的基础知识。

（2）过程与方法。

- 通过自我诊断和自主订正,提高发现问题、反思和解决问题的能力;
- 通过组内互助的过程,提升团结互助的学习风气;
- 通过分析典型错题和变式训练,归纳总结解题的一般思路和方法。

（3）情感态度与价值观。

- 提倡互助互学,营造团结互助、积极向上的班风和学风;
- 在查漏补缺的过程中,树立学习的信心,享受进步的快乐;
- 体会仔细审题、规范答题的重要性,树立严谨治学的科学态度。

3）教学重点、难点

（1）教学重点。

通过对混合溶液中的溶质成分、定量分析等失分点的分析,巩固酸、碱、盐的化学
性质。

（2）教学难点。

分析失分原因,归纳解题的一般思路和方法。

4）教学流程

教学流程如图 4 - 5 所示。

3. 教学过程

1）引导自我诊断,学会查漏补缺

试卷讲评课不能成为教师的"一言堂",要充分调动学生主动参与。课前,提前下发
学生答卷,给学生自我诊断、独立纠错的时间,让学生分析失分原因(如粗心、语言表达
不规范、不会做等等)并做初步订正。对于因粗心而失分的题,学生大多会懊悔不已,可

教学环节　　　　　　　学生活动　　　　　　　教师活动

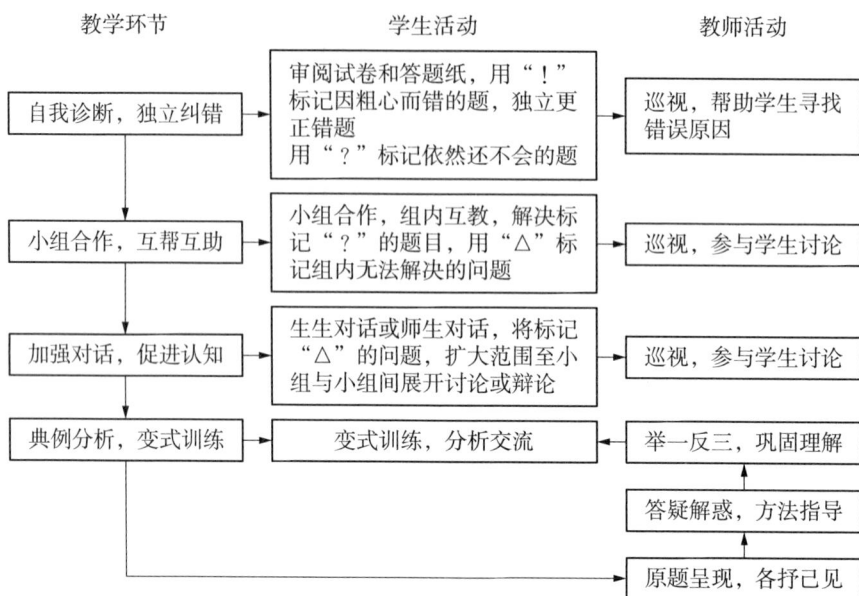

图 4-5　教学流程

以先行订正并用"!"标记,提醒自己以后答题一定要细心。对于一些相对比较基础的题,学生可能已经在考试后就通过询问同学或查找资料的方式掌握或基本掌握了问题的解决方法。还有一些稍有难度的题目,学生无法自主完成,可以用"?"标记。此时学生往往非常急切地想知道问题的答案和错误的原因,这是他们学习动机和求知欲望最强烈的时候,也是开始习题讲评的最佳时机。

2) 鼓励小组合作,加强同伴互助

丹瑟里恩的一项研究表明:学生在合作学习中学到的知识比单独学习时多得多,且合作学习有助于克服错误观念,通过他人与自己不同的观点,看到事物的其他方面,从而形成对事物更加丰富的了解。

因此,在课前独立诊断的基础上,课堂上给学生小组合作、互帮互助的时间。通过小组合作、组内互教,解决自我诊断时标记"?"的题目,继续用"△"标记组内无法解决的问题。在同伴互助的过程中,基础薄弱的学生受到同伴的帮助,认知得以提升;而优等生也能在帮助他人的过程中进一步厘清思路,增强表达能力。即使有些难题组内依然无法解决,但在生生对话和思辨过程中,学生思维和表达能力都得以锻炼和提升。

3) 引发认知冲突,促进认知顺应

根据波斯纳等人提出的观念改变模型,让学习者对当前的概念产生不满是促进学生观念转变的重要条件。为此,引发学生认知冲突,使学生对已有观念产生怀疑与不满,是转变原有认知偏差的重要步骤。

在教学中,教师可引导学生与教师、同学以产生认知冲突的内容为主题进行讨论,即将之前组内依然无法解决的标记"△"的问题扩大范围至小组与小组间展开讨论或辩论。在对话过程中,教师要引导学生充分发表自己的意见,认真聆听他人的观点,并时刻检验自己与他人观点的正误。在此过程中,当学生发现他人观点与自己不同,且比自己的观点更适合解决问题时,往往会对自己的观念提出怀疑,产生认知冲突和求知心理,此时,学生较易接受新的、正确的科学观念。

以学生得分率(仅为 23.91%)最低的一题为例:

为探究盐酸的化学性质,某同学做了如下实验:

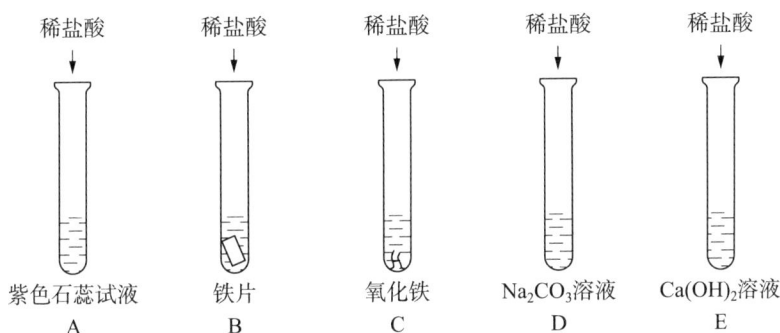

反应结束后,将 D、E 中的废液倒入同一个洁净的烧杯中,观察到先有气泡产生,后有白色沉淀生成。过滤,得到白色沉淀和无色滤液。该同学欲探究无色滤液中的溶质。

【分析】无色滤液中一定不含 HCl,理由_____(用化学方程式解释)。

该题是分析混合溶液中的溶质成分,较多学生写了碳酸钠与氯化钙或氢氧化钙的反应方程式。教师不急着公布答案,放手让学生充分表达自己的想法。当学生认为碳酸钠与氢氧化钙反应生成碳酸钙沉淀,证明不含 HCl 时,马上有学生反对:D、E 中的废液混合后先有气泡产生,则不可能含有氢氧化钙。当有学生提出为什么不能写碳酸钠与氯化钙反应时,陆续有学生从题意"先有气泡产生,后有白色沉淀生成"角度分析自己的推断理由。通过给予学生讨论、发表观点甚至思辨争论的时间和空间,让学生在师生对话、生生对话中加速思维辨识,在讨论和质疑中加深印象、获得理解。

4) 注重方法指导,及时变式训练

通过自我诊断和小组合作依然无法解决的问题应属难点。此时需要教师将学生不能解决的问题进行详细的讲解。讲解过程中一定要注重解题思路的引导和解题方法的传授。而所谓的难点,不大可能通过一次讲解就让所有学生完全掌握。此时,就需要教师提前做好与之配套的具有针对性的变式训练。通过变式训练,及时地达到举一反三、巩固理解的目的。配套练习要设有坡度,以让班内不同层次的学生都能有所提高。

针对以上错误率很高的题目,这一题型就需要教师带领学生一起分析题目,梳理解题思路形成一般方法,即探究废液混合后的成分:①写出化学方程式;②最终产物一定有;③反应物可能有;④关注不共存的物质。

传授解题思路和一般方法之后，一定要及时配套同类型的变式训练，达到巩固理解的目的。

变式：为探究盐酸的化学性质，某同学做了如下实验：

（1）A 试管中发生反应的化学方程式为_____，B 试管中观察到的实验现象为_____，再滴加无色酚酞试液，无明显现象。（已知 $CaCl_2$ 溶液呈中性）

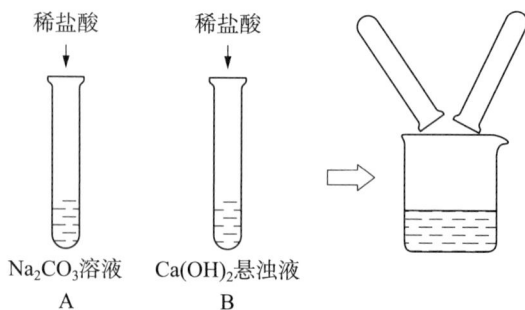

（2）将反应后 A、B 试管中的废液倒入一个洁净的烧杯中，没有观察到明显现象。

稀盐酸　　稀盐酸

Na_2CO_3溶液　　$Ca(OH)_2$悬浊液
A　　　　　B

【提出问题】

最终废液中含有什么溶质？

【猜想与假设】

猜想 1：废液中含有_____两种溶质；

猜想 2：废液中含有_____三种溶质；

猜想 3：废液中含有 $NaCl$、$CaCl_2$、Na_2CO_3 三种溶质。

上述猜想中，一定错误的是_____，理由是：_____。

【活动与探究】

取少量废液于试管中，向其中滴加紫色石蕊试液，溶液变红色。

【结论与反思】

（1）猜想_____正确。

（2）要得到相同的结论，还可采用很多方法。如：_____。

（3）确认了最终废液中溶质的成分，若直接排放，可能造成的危害是_____，你认为处理该废液的方法是_____。

在原题的基础上，笔者将氢氧化钙溶液换成了氢氧化钙悬浊液，考查学生审题的仔细程度，意在通过略微变化的相似题型的变式训练，引导学生的思维跟进和巩固训练。

4. 教学反思

本节课主要由四个教学环节组成：通过环节一（自我诊断，独立纠错），学生先审视自己答题错误的原因（粗心、语言表达不规范、不会做等等）并做初步订正。通过环节二（小组合作，互帮互助），在寻求同伴互助的同时，解决了难度较低的错题。环节三（加强对话，促进认知）针对难度较高的错题，讨论范围扩大至师生或跨组的生生，讨论或争辩的程度也更热烈。最后通过环节四（典例分析，变式训练），将学生不能解决的问题进行详细的讲解,注重解题思路的引导和解题方法的传授,并辅以变式训练,达到举一反三、巩固理解的目的。

上课过程中,教师把主要时间放在最后两个环节,通过详细的考题分析,适时总结解题方法,再跟进变式训练。整个教学流程还是比较清晰和流畅的,但课堂教学中也暴露出一些问题:

(1) 环节二(小组合作,互帮互助)并没有达到预期的效果。学生并没有真正地放开,没有大胆地互相讨论、互帮互助。但反思这个环节如果落实到位,五分钟是远远不够的。限于公开课的特殊环境,也限于借班上课的原因,不能让这个环节发挥真正的功效。对于日常教学中的试卷讲评课,建议将前两个环节放在课前进行,使学生在充裕的时间和宽松的环境下,真正做到自我诊断和同伴互助。

(2) 根据学生答题情况,教师将失分率较高的两道综合题作为课堂重点解决的问题,其实学生还有好几题是由于审题不清、语言表述不完整、不清晰或不规范而造成了较高的失分率。对此,建议在分析试卷失分率时简单提一下,并在后续变式训练中,通过细节文字的改变,引起学生对仔细审题的重要性的关注。

综上所述,要使试卷讲评课发挥其功效,一定要重视课前准备、课中组织和课后巩固。仔细梳理学生出错率较高的题目,引导学生充分表达自己的想法,仔细分析学生题目答错的真正原因,并在此基础上精讲题目,解开学生的困惑点。在此过程中帮助学生逐渐增强较为薄弱的实验探究能力和证据推理能力。最后归纳总结解题方法并适时地进行变式训练,加强巩固训练的同时检验学生的掌握程度,达到最佳的教学效果。

(本教学案例研究由上海市奉贤区新寺学校侯素英撰写)

五、"高三化学讲评课"教学案例研究

1. 背景介绍

化学试卷讲评课是化学教学过程中的一种重要课型,高三复习阶段,试卷讲评课成为教学过程中的常规课型,是学校学科教学中学业测试评价最主要的反馈形式。通过试卷讲评,对测试反馈出来的学生在知识、方法和能力等方面存在的缺漏及时给予补救,澄清学生在知识方面的一些模糊认识或在方法、思维等方面的一些欠缺,使学生所学知识进一步巩固,思维品质进一步完善,能力进一步提高,从而达到真正提升学生化学学科核心素养的目的。上好化学试卷讲评课,是学生获取知识、掌握解题思维方法、提高综合能力、提升化学学科核心素养的重要途径。

高三复习阶段,学生完成课后练习和测试花费了很多的时间,如果讲评课处理不当,学生的复习效果则会大打折扣。

高三化学讲评课中普遍存在的问题有:

(1) 教师"一言堂"情况较为普遍。学生学习过程中存在一些难以解决的问题是难免的,特别是有些他们自己并没有察觉但在测试中集中暴露出来的问题。需要讲评之处往往不少,教师既担心遗漏讲评的题目,又怕讲得不到位,因此讲评课通常呈现的几乎都是师生捧着试卷,教师一讲到底的状况。高三的讲评课占了平时课程的很大一部分,学生学习压力大,课堂上注意力很容易分散,严重影响课堂的教学效率。

(2) 有限的时间里无法解决学生存在的全部问题。在测试中,学生个体的基础知识、思维能力、学习习惯等方面的水平差异充分暴露出来。教师在讲评某一问题时会发现学生出现错误的原因是各不相同的,有的是概念不清,有的是审题错误,有的是粗心大意,有的是知识缺漏,有的是方法使用不当,等等。在有限的教学时间里,教师很难解决一个班级中所有学生身上存在的问题。所以讲评课之前需要教师充分分析学生情况,对学生错误作归因归类。

(3) 师生的关注点往往存在分歧。讲评课上教师往往会重点关注怎样帮学生弥补缺漏、深化对概念、原理等的认识,提高解决问题的能力。而学生刚开始往往会迫切想知道自己成绩的高低,部分取得好成绩的学生会因为觉得自己都做对了,感觉没有必要听课了而无心听讲;部分成绩不理想的学生则会灰心丧气、无精打采,感觉什么都不懂,教师讲评的时候甚至跟不上。于是,教师常常会有这样的困惑:为什么很多题目学生一做再做,教师一讲再讲,但学生还是一错再错。

学生是学习的主体,教师不能代替学生学习。高三讲评课教学中,如果还是以教师为教学的主体,课堂教学中还是一味传授和灌输知识,忽视学生的主体性,那势必会大大降低学生学习的积极性和教学的效果。以学生为中心,教师就是教学过程的组织者和指导者,学生知识建构的帮助者和促进者。化学讲评课绝对不是考完试教师拿了试卷就可以进课堂进行讲评了,否则极有可能会出现上述一系列的问题。特别是高三的讲评课,学生学习化学的时间很有限,因而提高课堂讲评的效率是教师需要重点关注的。在有限的课堂40分钟内,教师需要帮助学生发现不足,弥补学生的知识缺漏,指导学生学习的方法,并逐步提高学生学习的主动性和学习能力,这都需要教师对讲评课进行精心设计。本文以某次二模试题讲评为例,基于以学生为主体的高三化学讲评课教学设计进行实践和进一步的思考。

2. 设计思想

1）学情分析

高三的二模考阶段,学生已经完成了高三的一轮复习,正在进行二轮复习(二轮复习主要是根据学科基本要求编写的专题复习,其中也混合了综合卷练习)。化学学习以知识点整理及大量习题练习为主,学生的学习时间基本都用于做题上,对于知识点的深入理解、思考归纳、变式应用则较为欠缺。从学生失分的考题也可以看出这一点。

此次二模试卷中学生错误较为集中的有以下试题(以某班为统计样本),如表4-12、表4-13所示。

表 4-12

题号	选项	人数	比例	选项	人数	比例	选项	人数	比例
单选 10	B	13	0.33	C	8	0.21	D	3	0.077
单选 19	A	37	0.95	B	1	0.026	D	0	

表 4-13

题号	最高分	最低分	平均分	知识点说明	失分原因	
					知识层面	核心素养层面
单选 10	2.0	0.0	1	物质的检验;化学实验活动	学生对于"由于反应物量的不同导致反应产物不同"的相关反应的原理及反应现象理解不够准确	宏观辨识与微观探析的能力有待加强

（续表）

题号	最高分	最低分	平均分	知识点说明	失分原因	
					知识层面	核心素养层面
单选19	2.0	0.0	0.09	物质的检验；化学实验活动	该题学生绝大多数都错选了A选项，原因在于学生对于离子共存的条件和足量的氯水能够继续氧化碘单质理解不清，其中还是涉及反应物量的不同导致产物的不同	探究和推理的能力较为欠缺
28	3.0	0.0	1.03	氧化还原反应化学方程式的配平	该题的得分率偏低，相当一部分学生在分析该题时，对还原剂的判断发生了错误，究其原因，一是没有获取、分析题干给出的信息，二是对于氧化还原反应基本原理的理解还不够深入、透彻	证据推理及分析能力有待提高
29	4.0	0.0	1.19	氧化还原反应基本原理	由于上题的分析有很多学生发生了错误，与之相关联的本题的得分也就不可能理想了	证据推理及分析能力有待提高
35_1	2.0	0.0	0.86	化学实验活动	学生没有获取题干给出的信息，不知道二价铬易被氧化，造成了错误	缺乏证据分析和推理能力
36_2	2.0	0.0	0.83	化学实验活动	学生忽略了题干的信息，文字表述及实验原理的理解不准确	证据推理及分析能力有待提高
37_1	2.0	0.0	0.76	化学实验活动	实验原理理解不清	
37_2	2.0	0.0	0.47	化学实验活动	实验基本操作没有完全掌握	
37_3	2.0	0.0	1.42	化学实验活动	实验基本操作没有完全掌握	
38	2.0	0.0	1.01	化学实验活动	忽略了对题干信息的分析	缺乏证据分析、推理和实验探究能力

2）内容分析

高三二模考试卷的命题以《上海市高中化学学科教学基本要求》为依据，范围是高中化学等级考要求的所有学习内容。经过对全班学生错题的分析和归类，在知识层面，学生的化学基本理论概念理解及实验基本操作水平还有待提高；在核心素养层面，学生较为缺乏的是证据分析和推理的能力以及实验探究的能力。根据实际情况，讲评的对象定为两大主题，即"氧化还原反应原理、化学方程式配平及应用"和"化学实验"。这两大主题中又包含了对于题干信息的获取和分析、化学反应中由于反应物量的不同导致反应产物不同及文字表述题的解答。

3）教学流程

教学流程如图 4-6 所示。

教学环节　　　　学生活动　　　　　　　　　　设计意图

环节一：
互滴实验
分析
├ 对二模原题进行分析并互相评价、纠正
├ 对变式训练进行分析并互相评价、纠正
└ 总结：分析"互滴实验"问题的关键

环节二：
溶液中离子大量共存分析
├ 对二模原题进行分析并互相评价、纠正
├ 对变式训练进行分析并互相评价、纠正
└ 总结：分析"离子能否大量共存"问题的关键

此三个环节的教学过程设计均采用"展示原题—学生分析、互评、自我纠正—变式训练分析、互评、自我纠正—总结方法"的流程。目的在于通过对一道题的深入、全面的分析，并结合相应的变式训练，力求强化解题方法的总结和应用，从而让学生掌握一类题的求解方法。课堂上通过学生自我分析，让学生更加深入全面地了解自己存在的问题；通过互相评价，让学生看到同学的优点，借鉴他人的长处以弥补自己的不足，实现共同进步。在此过程中学生证据分析和推理的能力也能得到锻炼。

环节三：
氧化还原反应综合习题分析
├ 对二模原题进行分析并互相评价、纠正
├ 对变式训练进行分析并互相评价、纠正
└ 总结：分析关于"氧化还原反应"问题的关键

环节四：
化学实验综合题分析
├ 归纳分析实验综合题的一般方法
├ 对二模原题进行分析并互相评价、纠正
└ 总结：分析"化学实验综合题"的关键

化学实验综合题分析的教学设计，先让学生归纳分析实验题的一般方法，教师再加以总结强调。在此基础上，展示学生的答题内容，让学生根据实验题分析的一般方法及注意事项对同学的答题进行评价。这一环之所以没有采用另三个环节的教学流程，是因为实验综合题难度较大，多数学生对于实验题的分析一向都不知如何入手，不知道该如何进行分析，所以有必要先让学生明确实验题分析的基本步骤，知道该怎么入手，知道该怎样更有针对性地答题，才能逐步提高学生解决此类问题的能力，提升实验探究能力。

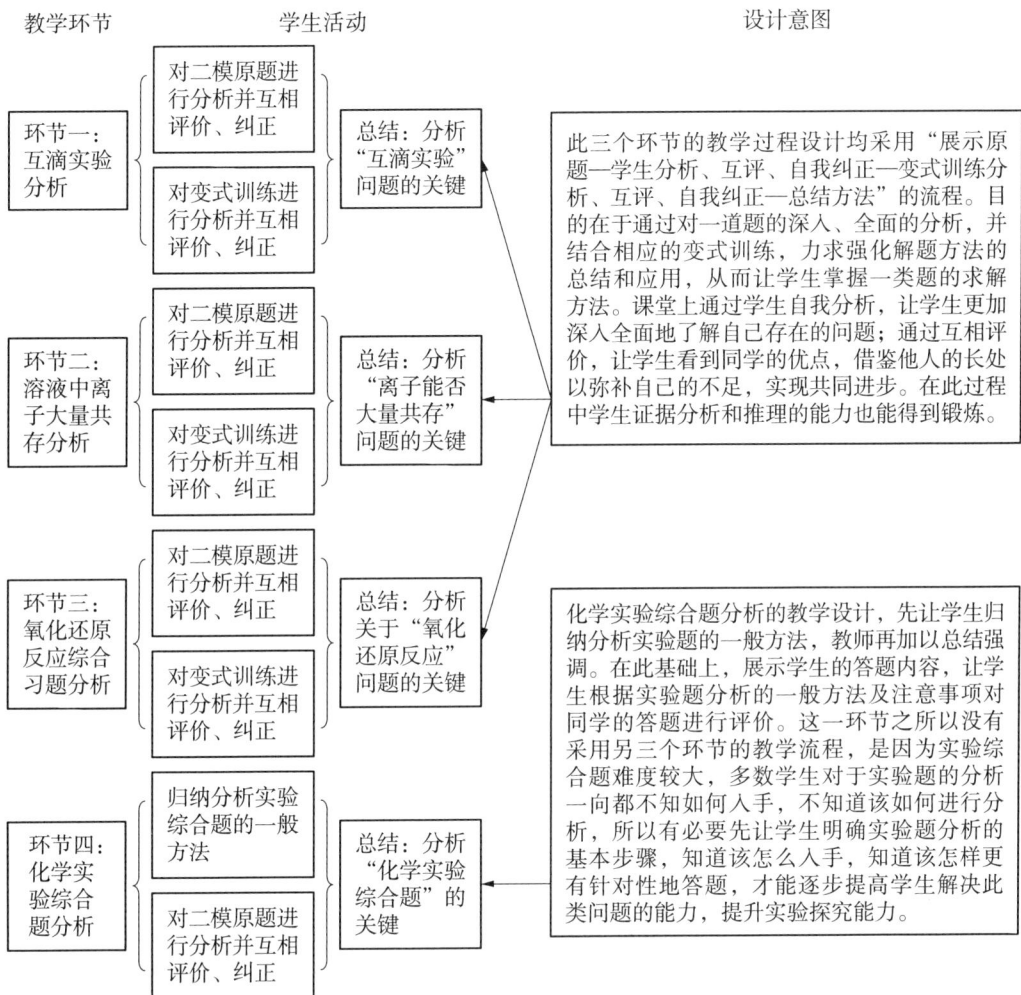

图 4-6　教学流程

3. 教学过程

1）明确要求，自主订正，提升教学的针对性

讲评课的教学设计基于课前的教学分析。教学分析是在阅卷的基础上做好统计工作，结合统计的数据及学生自主订正的情况进行分析，除了要分析试题的内容、特点和答案之外，更要分析各题的错误类型及错误人数，将试题进行归类分析（按知识点进行归类，或按能力目标进行归类，或按解题方法进行归类，或按典型错误进行归类等）。

学生根据教师课前下发的答题纸和参考答案进行自主订正。教师应明确具体的订正要求，本次二模试题根据教师对学生答题情况的分析，具体要求如下：重新审题，厘清题干给出的信息，重点部分可用红笔画出，找到自己的问题所在；根据题目要求，厘清该题所考查的知识点，对于自己不清楚的概念或原理可请教同学或老师，用红笔进行标注;反思自己的解题思路和方法,可以将自己的方法简单地写在答题纸上;能自主订正的错题,标出错误原因,同时列出不能解决的问题。

由于任务明确具体,学生在课前就能对自己的答题情况有较为具体的认识,通过自主订正也初步知道了问题所在,大大提高了课堂教学的针对性。

2)呈现问题,合作学习,提升课堂学习的活力

教学过程主要采用"展示原题—学生分析—变式训练—总结方法"的流程。在自主订正的基础上,通过让学生在课堂上互相交流自己的答题情况并互相补充、质疑、纠正、优化,提高学生的合作交流能力,同时也提高了学习的兴趣。

教学片段1:环节三:氧化还原反应综合习题分析

【二模试题】

(二)与 Cl_2 相比较,ClO_2 处理水时被还原成 Cl^-,不生成有机氯代物等有害物质。工业上可用亚氯酸钠和稀盐酸为原料制备 ClO_2,反应如下:

$$NaClO_2 + HCl \longrightarrow ClO_2\uparrow + NaCl + \underline{\qquad}（没有配平）$$

28. 补全化学方程式并配平,标出电子转移方向和数目。

$$\underline{\quad}NaClO_2 + \underline{\quad}HCl \longrightarrow \underline{\quad}ClO_2\uparrow + \underline{\quad}NaCl + \underline{\quad}$$

29. 该反应中氧化剂和还原剂的物质的量之比是 $\underline{\qquad}$。若生成 $0.2\,mol\,ClO_2$,转移电子数为 $\underline{\qquad}$ 个。

学生典型错误答案展示:

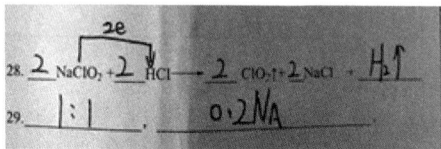

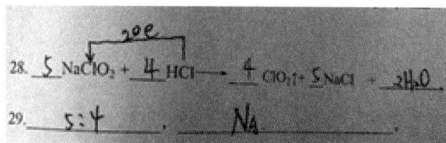

学生活动:评价以上两种答题情况,分析错误的原因。

设计意图:呈现学生的典型错误,学生进行评价往往比教师进行评价效果更好,因为有可能这也是自己所犯的错误,学生在评价的过程中能够更好地认识到自己的错误并能更深入地理解题目考查的知识点及解题过程中需要注意的地方。

3)变式训练,拓展延伸,提升知识体系的理解

高三最后阶段的学习中,学生的时间多花在大量做题上,虽然大量做题有一定的效果,但是通过一道题的深入、全面的分析从而掌握一类题的求解方法则更为有效,毕竟学生的时间是有限的。所以教学设计中通过二模原题的分析,将这一道题从改变题干内容、改变设问方式等方面进行多角度变化,通过变式发散使学生对知识点的理解进一步深化,从而达到举一反三的效果。

教学片段2:环节一:互滴实验分析

【二模试题】

10. 只用滴管和试管，不用其他仪器和试剂，不能鉴别下列各组中两种溶液的是（　　）

A. 石灰水和碳酸钠　　　　　　　B. 盐酸和碳酸钠

C. 氨水和硝酸银　　　　　　　　D. 氢氧化钠和氯化铝

学生活动：①交流自己的答题情况；②分析该题所考查的知识点；③总结解此类题型的方法。

【变式练习】只用滴管和试管，不用其他仪器和试剂，能鉴别下列各组中两种溶液的是（　　）

A. 氨水和氯化铝　　　　　　　　B. 氢氧化钡和碳酸氢钠

C. 稀盐酸和硝酸银　　　　　　　D. 硫酸氢钠和碳酸钠

设计意图：变式练习是在二模原题分析的基础上进行变式训练，让学生通过自主合作学习，在有变化的重现性训练中加深理解，体验解决问题的方法，提高解决问题的能力。

学生总结、教师点拨得出分析互滴实验的关键：一是反应原理是否相同（特别注意反应物的量不同可能导致的产物的不同）；二是实验现象是否相同。

拓展延伸：

A. 石灰水和碳酸钠

相关链接：碱和酸式盐的反应

例：$NaOH + Ca(HCO_3)_2$

　　$NaHCO_3 + Ca(OH)_2$

　　$Ba(OH)_2 + NaHSO_4$

B. 盐酸和碳酸钠

相关链接：盐酸和碳酸氢钠、硫酸氢钠和碳酸钠

C. 氨水和硝酸银溶液

相关链接：银氨溶液的制备——向 1 mL 的 2% $AgNO_3$ 溶液中滴入 2% 稀氨水，直至产生沉淀恰好消失为止。

D. 氢氧化钠和氯化铝

相关链接：铝及其化合物之间的转变

设计意图：教师在学生交流、总结、应用的基础上再进行提炼，归纳强调分析互滴实验的关键，并就二模原题的 4 个选项逐一进行拓展延伸，精选相关的反应，力求做到由点及面构建知识网络。

课后作业是根据上课的内容编制的 3 个题组，题组的练习题都是根据二模原题进行编制的变式训练题，通过变式训练使学生对该类试题的本质有更为透彻的认识，从而

掌握该类型题目的解题规律和处理题目的策略与技巧。

4）归纳总结，关键指导，提升解决问题的思维能力

试题讲评不能浮于表面，停留于指出不足、改正错误及讲解方法。讲评中应善于将试题归类讲评，归纳总结，使学生的认知能力得以升华。归类时可按知识归类，也可按错误类型归类，还可按思想方法归类。例如，通过分析二模试卷，发现学生对于题干信息的获取和分析能力，即核心素养中证据的分析和推理能力较为欠缺，而这一能力的欠缺导致了一些学生在综合题的分析中，无论是"氧化还原反应"综合题还是"化学实验"综合题，看不懂题目，不知道题目在讲些什么，当然就更谈不上进行分析解题了。教师在讲评时，就要帮助学生总结错误的原因，指导解题的方法。对于没有见过的题目，题干中给出的信息是非常重要的，往往就是解题的关键，哪怕考的是熟悉的知识点，也不能忽略题干的信息。

教学片段 3：环节四

【二模试题】

（四）醋酸亚铬[$(CH_3COO)_2Cr \cdot H_2O$]为砖红色晶体，难溶于冷水，易溶于酸，在气体分析中用作氧气吸收剂。一般制备方法是先在封闭体系中利用金属锌作还原剂，将三价铬（溶液呈绿色）还原为二价铬（溶液呈亮蓝色）；二价铬再与醋酸钠溶液作用即可制得醋酸亚铬。实验装置如下，请回答以下问题：

······

该试题中"醋酸亚铬[$(CH_3COO)_2Cr \cdot H_2O$]在气体分析中用作氧气吸收剂"，这就说明二价铬易被氧化，这也是第 35（1），36（2）、38 题解题的关键所在。题干信息的获取，在试卷的第 21 题、23 题和 28、29 题和有机推断都有体现。

4. 教学反思

1）基于学习者的教学设计，提高学科素养和能力

课前，不仅教师要充分准备，学生也要根据教师要求做好自主订正的准备工作。一来可以让教师更好、更具体地了解学生现有的知识掌握情况及存在问题，从而确定教学内容和设计教学环节，以确保讲评内容是学生真实需要的；二来也让学生明确自己的问题所在，对于一般试题的解题方法也能做到心里有数。这样课堂上学生才能真正成为课堂教学的主体，才能真正参与到课堂教学中，提高课堂的有效性，而不仅仅是一个旁观者。

根据数据统计及学生的反馈，教学过程的设计主要采用的是"展示原题—学生分析—变式练习—总结方法"的流程。"互滴实验"和"离子共存"看似是两类题型，但其实存在着共同点。搞清了这些原理，可以帮助学生解决更多的问题，而不仅仅是这两类习题。讲评过程重视对于题干信息的获取和分析，即核心素养中对于证据的分析和推理，所以在讲评中再次强调获取、处理信息的重要性。

课后作业是三个题组的习题，而题组习题则是根据上课的 4 个环节（第一、第二合并）进行编制的，针对性较强。学生课后可以通过题组习题的练习，进一步巩固课堂学习的内容，提高分析问题、解决问题的能力。

2）基于学习者的课堂教学流程，提高课堂效率

当前学生花了很多时间大量做题，虽然大量做题有一定的效果，但是通过一道题或一套试卷的深入、全面的分析，让学生掌握一类题的求解方法并举一反三，显然更有效。

本节课四个环节的教学，前三个环节都是采用了"原题呈现—学生分析—变式练习—总结方法"的模式，最后一个环节采用了"归纳一般方法—原题呈现分析—再归纳总结"的模式。无论哪一种模式，都要求学生在课前充分准备的基础上进行分析讲解、反思总结，最后教师根据学生的分析情况进行归纳，对于一些关键点做重点的讲解和方法的小结。

以上是教师通过某次高三二模试卷讲评课教学设计的实践和思考，总结了此类讲评课的一般教学流程及教学策略。对于讲评课教学中普遍存在的低效、缺乏针对性等现象，在以后的教学中还是要不断改进，调整教学策略和方法，尽可能提高化学试卷讲评课的课堂效率。

（本教学案例研究由上海市奉贤区曙光中学姚雪撰写）

六、专家点评

　　两个复习课设计案例"探究氢氧化钾溶液的变质""电化学"非常完整,包含背景分析、教学分析、教学流程、教学过程、教学反思等环节。案例均聚焦学生核心素养的发展,围绕核心概念和观念结构化,创设真实的问题情境,设计有效的复习任务,让学生在活动中经历、体验、探究、交流,综合运用所学学科基本知识和基本技能分析和解决实际问题,真正体现了复习课的价值和功能。这样的案例可以作为样例或范例参考。

（上海市松江二中　余方喜）

　　讲评课是化学课堂教学中的常见课型,讲评课效率的高低在很大程度上影响着学生查漏补缺、归纳整理和综合能力的提升。本章中的两个案例反映出两位教师丰富的课堂讲评教学经验,她们以敏锐的触角关注并深入研究了这一中学课堂教学中常见的课型,解决了一些众所周知却未能真正解决的难题。作者归纳出了讲评课的一般流程,便于读者学习、模仿和实践。

（上海市正高级教师、特级教师　王灿）

第五章

聚焦科学探究与创新意识的 教学设计的思考与实践

　　"科学探究与创新意识"作为中学化学核心素养的重要内容,其内涵为"发现和提出有探究价值的化学问题,能依据探究目的设计并优化实验方案,完成实验操作;能对观察记录的实验信息进行加工并获得结论;能和同学交流实验探究的成果,提出进一步探究或改进实验的设想;能尊重事实和证据,不迷信权威,具有独立思考、敢于质疑和批判的创新精神"。化学实验是培养学生科学探究与创新意识的重要途径。化学实验不仅可以有效培养学生的观察、思考和分析能力,也可以培养学生的实验操作能力。在科技不断发展的当下,实验作为探索外部世界的一种重要手段,学生可以以此进行科学探究,解决实际问题,并在探究的过程中体会创新的重要性和必要性,从而在以后的学习研究中,积极投身实践活动,进行自主探究,促进科技的进一步发展。

一、研究背景与教学策略

1. 研究背景

随着新课改理念的不断深入,核心素养体系的建设与完善已经成为当代教育发展的趋势。化学学科核心素养旨在将学生培养成为有知识、有素养的人才,以符合社会主义核心价值观下化学学科育人的基本要求,从宏观辨识与微观探析、变化观念与平衡思想、在证据推理与模型认知、科学探究与创新意识、科学态度与社会责任等多个维度,帮助学生在真实的情境中切实地解决问题。

新课程需要教师注重课堂改革,研究教材和学生。化学实验是化学学科最鲜明的特色,是最基本的科学研究方法之一。在新的中学化学课程改革中,一个引人注目的变化是"更加注重培养学生的核心素养,更加强调提高学生综合运用知识解决实际问题的能力""运用化学实验、调查等方法进行实验探究""善于合作,敢于质疑,勇于创新"。因此,化学实验有利于提高化学教学质量,培养学科核心素养。

2. 教学策略

1) 创设情境,引发探究意识

化学实验教学的探究性是毫无疑问的,但很多时候学生对于实验原理、步骤、仪器等只是单纯的记忆,这些记忆只是片段的、缺乏联系的,一旦进入真实环境,则无法迁移。这种现象与教师在教学过程没有创设有效的学习情境有很大关系。在引发学生探究的过程中,应当通过合理的情境设计,将零散的知识有效地组织起来,积极引导学生,激发学生对获取知识、理解知识和应用知识的欲望。

创设生活情境,激发探究意识。在实际生产生活中,处处可以见到化学的身影,其中不乏化学实验在生活中的应用,如 84 消毒液的应用、分析化学中的物质检测、不同物质的灭火原理、石碱溶液去油污等,其中的原理都是化学知识的实际应用,也往往与化学实验相联系。在授课过程中,教师应巧妙运用生活中化学原理的应用创设情境,或用实际应用案例引入,或用简单实验引入,以此来引发学生的探究意识,培养学生的科学精神。

创设实验情境,培养科学态度。设计实验情境时要注意保持持续性和相关性。同时教师在授课过程中,应充分根据学生已有的知识经验,围绕情境所提出的问题展开,引导学生通过化学知识的学习来解决生活中的问题,使学生可以解决生活中的一些化学问题,解释生活中的化学现象,帮助学生切实感受到化学的实用性,培养他们敢于质疑、独立思考的探究精神,同时也让学生能够有终身学习的意识,在解决问题的过程中培养严谨求实、尊重事实的科学态度。

创设问题情境,培养探究精神。在情境问题提出过程中,教师和学生均围绕该问题展开学习,形成学习共同体。在问题解决的过程中,学生在具体的情境中感受到各种信息和素材,可以有效地构建新的知识体系。由于创设的情境与学生实际生活具有相关性,学生在学习的过程中能够用知识来解决新的相关性问题,从而有利于学生知识层面的掌握。从学生的长远发展来看,知识、概念可能会被学生遗忘,但是在实际学习生活中,在课堂上学生学到的探究思维方式、逻辑思维能力以及建立模型能力等都内化为学生自身的素养而让学生终身受益。

2) 激发兴趣,提升探究素养

教育家赫尔巴特认为:教育的主要目标之一是开发广泛的兴趣,兴趣可以引导人们对事物有一个全面、正确的理解,有兴趣的学习可以促进长期保有知识,并激发学习的动机。对学生而言,学习兴趣是探求知识、培养习惯、增强信心和形成素养的动力源泉。在新课程背景下,教师在教学过程中应注重对学生化学学习兴趣的激发和培养,并因势利导,促使学生将兴趣逐步转化成乐趣、志趣,逐步形成化学学科素养,为他们今后更好地运用化学、发展化学和创造化学发挥教育启蒙作用。

实验是化学学科的优势,化学实验的形式多种多样,有演示实验、操作实验、家庭实验等,可以利用实验的方式验证某些性质、制备一些物质、测定物质的组成等,学生对于化学实验充满了兴趣。教育家巴班斯基也强调,最重要的、最有效的方法是激发学生的学习兴趣,使学生通过积累的经验亲自去解决理解上的困难。

在"溶液的酸碱性"案例中,教师通过"显字"趣味实验,用酚酞写字,然后喷碱性溶液,让学生感受到奇特的实验现象,帮助学生持续激发学习热情,进一步巩固新的知识,引导学生对实验现象背后的原因进行分析,同时提高学生的表达交流能力。

明显的实验现象可以触发学生的兴趣,使学生对抽象的知识点有直观的感受,从而引发学生对其本质原因的探究欲望,触发其深层次的思考。在激发学生化学学习兴趣的过程中,教师应立足学生经验,研究认知规律,教学内容循序渐进,让学生加强实验探究,理论联系生活实际,以此减小或消除学习分化。

3) 走进生活,触发创新意识

化学新课程标准明确规定,教师在教学中要注意从学生现有的生活经验出发,让学生在熟悉的生活情境中感受化学知识的重要性,看到化学知识和生活之间的密切联系,并能够学会用化学知识的眼光看待生活中的一些现象,发现生活中存在的化学知识和化学问题,运用化学知识解决一些简单的实际问题。

化学实验是中学化学课程不可缺少的重要组成部分。在化学实验教学中充分利用日常生活中的物品为实验试剂或实验装置,因地制宜让学生开展家庭小实验,使化学与生活紧密相连,增加了学生学习化学的目的性和趣味性。

在"溶液的酸碱性"案例中,教师引导学生用紫甘蓝等生活中常见食品自己动手制作酸碱指示剂,并用自制指示剂鉴别生活中的白醋、果汁、石灰水、肥皂水、食盐水、清洁剂液、自来水等物质的酸碱性。再如铁钉生锈的探究实验、鸡蛋壳主要成分测定的实验、自制简易净水器实验等,这些家庭小实验指导学生充分利用日常物品探究物质的性质,不仅可以帮助学生巩固所学的知识,还可以促使学生创造性地应用所学知识,形成科学从生活中来,最终又回归生活、服务生活的意识,体会到生活中化学知识的实用价值。

在"酸碱滴定"案例中,由一个问题——如何测定一瓶未知盐酸的浓度引发思考,既培养了学生的科学探究精神,也让学生能够切实感受到应用化学方法来解决生活中的实际问题,同时结合分析化学在生活中的重要用途,有助于学生深刻理解化学、技术、社会和环境的相互关系。

生活处处有化学,样样离不开化学。在化学实验教学中结合生活化学的教学,充分体现了新课程下变"教教材"为"用教材"的新教材观,使化学从生活中来,又回到生活中去。因此在化学实验教学过程中,如果教师能够做到以生活为本,使教学回归生活,充分利用身边的生活资源,引导学生把所学知识与生活联系,从而把化学知识生活化,化学实验教学就将会收到更好的教学效果。

4）感受精准,实践创新思维

化学学习需要将宏观现象与微观本质联系起来,并能用符号进行表征。而化学实验的鲜明特点就是通过物质的宏观现象来揭示其组成、结构、性质以及反应的本质,并能起到支持理解微观本质,感受物质变化的过程。

在传统的化学实验操作过程中,有的实验能观察到实验过程发生的现象,但很难进行量化处理;有的实验现象转瞬即逝,难以捕捉;有的实验过程因缺乏数据支撑难以分析研究。随着科技的不断发展,在实际生产生活中,定量实验越来越重要,有助于人们从量和量变上把握事物的本质及规律。现代化工生产和科学研究都离不开定量实验。同时定量实验也有助于学生提高实验兴趣,培养严谨求实、勇于探究的科学精神。

在实际教学过程中,有传统的定量仪器,如滴定管、移液管、电子天平等,也可以借助现代信息技术,例如数字化实验系统,用数据或图表直观地放大动态变化,使实验由定性到定量转化,科学性更强。定量实验的设计与操作,可以增进学生对化学现象和原理本质的认识,提高学生分析问题、解决问题的方法和能力,有利于发展学生的创新精神和实践能力。

沪教版《化学》九年级第二章中的"测定空气中氧气的体积分数"实验,实验结果偏重于定性,教材中用红磷燃烧法进行测定,往往会产生一些误差,这些误差主要是人为操作不当引起。利用氧气传感器测定氧气的变化,在测定过程中装置内氧气逐渐减少,可以直观地看出红磷燃烧消耗了氧气。通过数字化实验改进和创新传统实验,让实验效果可视化,也培养了学生大胆质疑、细心求证的科学精神。

沪科版《化学》高二第一学期第十章《学习几种定量测定方法》引入了几个定量实验:"1 mol 气体体积的测定""硫酸铜晶体中结晶水含量的测定"以及"酸碱滴定",尤其强化了定量实验中"精、准"的意义,培养学生将宏观现象与微观反应本质进行联系,强调用严谨求实的科学态度对待实验问题和实验结果,培养学生以探索、创新的精神去完成定量实验问题的设计、实施与结果评价。

总之,化学实验有其特殊的教育功能和育人价值。教师在教学过程中应合理巧妙地利用化学实验激发学生学习化学的兴趣。学生在学习实践中通过对物质变化的探究分析,可以更好地将宏观与微观联系起来;通过实验操作有利于学生从微观层面理解物质的结构,形成结构决定性质的观念;在实验探究过程中,学生培养了思考问题与解决问题的能力以及与他人合作意识和能力,启迪了科学思维,训练了科学方法,培养了科学态度,进而提升了学科核心素养,为以后的学习、生活和工作奠定了良好的基础。

二、"溶液的酸碱性"教学案例研究

1. 问题的提出

伴随着新一轮课程改革的深入进行,"凝练核心素养,推动落实立德树人"已成为化学教学的首要任务。化学实验是化学学科最鲜明的特色,化学实验也是最基本的科学研究方法之一。实验的神奇变化和鲜明现象是学生对化学学习产生兴趣的主要源泉,实验意想不到的结果和悬念能吸引学生共同探索微观世界的奥秘。但是在初中化学教学实践中,受到各种因素的干扰,使得有些初中化学教师对教学中实验功能的开发、创新等显得不够积极。所以在化学教学中,如何选择好实验,设计好实验,充分发挥实验教学对学生探究能力的培养,是全体化学教育工作者必须认真研究的课题。

苏联教育家苏霍姆林斯基说过:"如果教师不想方设法使学生进入情绪高昂和智力振奋的内心状态就急于传授知识,那么这种知识只能使人产生冷漠的态度,而不懂感情的脑力劳动就会带来疲倦。"所以在化学教学过程中,根据学生的认知结构和认知水平,充分利用实验教学的手段,让实验教学成为学生获得知识的主要教学方式,让课堂活起来,让学生动起来,是提升学生化学核心素养的关键。传统的"照方抓药"式的实验教学使学生产生厌烦情绪并失去探究的欲望,它束缚了学生的创新思维,不利于培养学生的科学探究能力。而新课标指出,实验教学改革"要逐步形成以学生为主体,以主动参与和自主探索为基本学习方式的模式"。那么,在初中化学实验教学中如何提升学生的核心素养?本文以沪教版《化学》九年级第三章第三节"溶液的酸碱性"一课为例,介绍培养学生核心素养的实验教学设计与课堂实践。

2. 设计思想

1）教材分析

以学生发展为本是中学化学的课程理念,注重化学学科核心素养的培养是课程实施过程中的重要环节。因此,如何创造条件让学生全程主动参与学生活动是本节课教学设计的主旋律。"溶液的酸碱性"是沪教版《化学》九年级第一学期第三章《走进溶液世界》第三节的内容。"溶解的酸碱性"属于课程标准中一级主题"溶液"中的二级主题,知识与技能、过程与方法、情感态度与价值观的学习水平都属于 A 级。但在《上海市初中化学学科教学基本要求(试验本)》中,"溶液的酸碱性"属于"第十一单元基本化学实验"中"11.5 物质的检验"中"11.2.3 溶液酸碱性的检验",知识与技能、过程与方法属于B级,提高了学生对该部分知识的掌握要求,更倾向于培养学生的动手实践和合作探究能力。在此之前,学生已学习了溶液的相关知识。本节内容从单元整体的角度看是对溶液知识的补充和深化,也为第五章《初识酸和碱》的学习奠定基础。从整个九年级教学的角度看又是对酸碱知识的初步介绍,到高中阶段也有酸碱知识及指示剂的深入学习。因此,本节课的知识内容建立在学生已有知识经验基础之上,起承前启后的重要作用。

2）学情分析

在七年级科学课程中,学生已经对溶液的酸碱性知识进行了初步学习。此时学生刚刚学习了"3.2 溶液",在"3.1 水的性质"部分也了解到二氧化碳与水反应生成的碳酸能使紫色石蕊变红色等。因此,学生对于溶液的酸碱性并不陌生。但是,对于测定溶液的酸碱性以及用 pH 试纸测溶液的 pH 值等动手实验的机会并不多,也没有系统整理和深入研究。本节课在设计中要让学生动手实验,得出结论,提高化学学习兴趣,感悟化学在生活和生产中的重要意义。

3）教学流程

教学流程如图 5-1 所示。

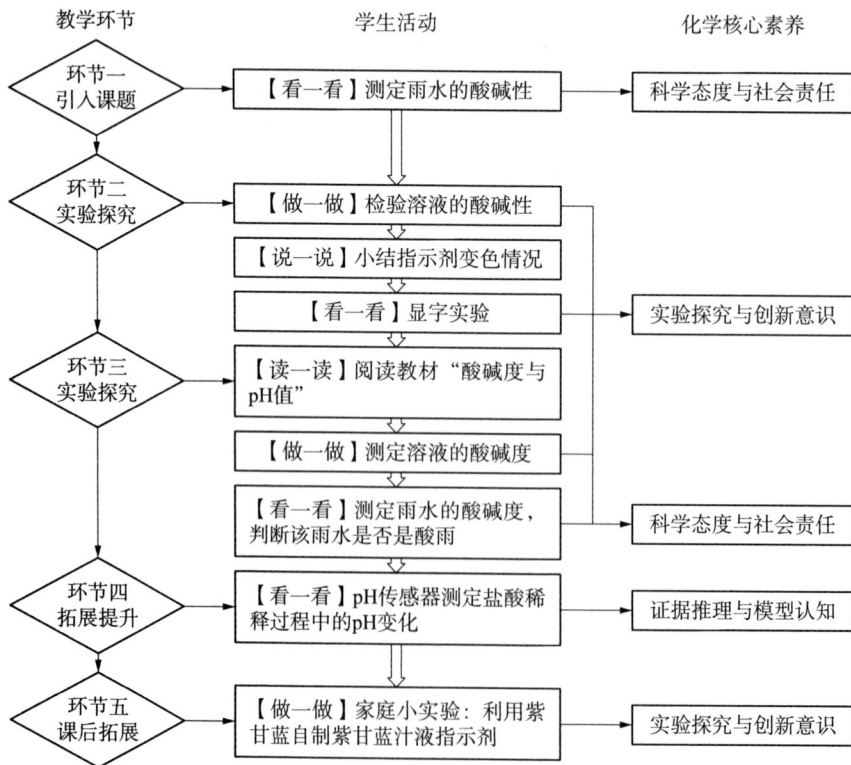

图 5-1 教学流程

3. 教学过程

环节一：创设生活情境，引入课题（见表 5 - 1）

表 5 - 1

教师活动	学生活动	设计意图
引入：老师课前收集了一瓶雨水，你们知道这瓶雨水是呈酸性、碱性还是中性？ 演示实验：测定雨水的酸碱性。	思考、回答。	以问题的形式激发学生思考，引出后续的问题链，引入课题。

将化学教学活动的空间扩展到学生的生活环境，广泛地联系学生熟悉的事物，可有效地引导学生思考，激发学习兴趣。

环节二：检验溶液的酸碱性（见表 5 - 2）

表 5 - 2

教师活动	学生活动	设计意图
指导学生正确实验。	实验一：利用反应板进行紫色石蕊、无色酚酞检验盐酸、澄清石灰水、蒸馏水的酸碱性实验，分组实验，交流结果，归纳变色规律。 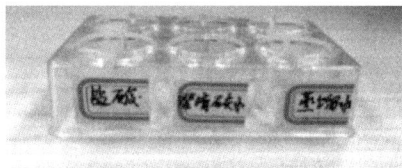	感受科学探究的一般过程，提升灵活应用所学知识解决化学实际问题的能力，提高分析、表达能力，学会检验溶液酸碱性的方法。
演示实验：显字实验。	实验二：利用反应板进行紫色石蕊试液、无色酚酞试液测定三种溶液的酸碱性实验。 分组实验，交流测定结果。 观察、思考、回答。	趣味实验持续激发学习热情，巩固新知，提高分析问题、表达交流的能力。

环节三：测定溶液的酸碱度（见表 5 - 3）

表 5 - 3

教师活动	学生活动	设计意图
过渡：刚刚我们已经知道了这瓶雨水呈酸性，那么它是不是我们通常所说的酸雨呢？我们是怎么定义酸雨的？ 指导学生正确实验。 介绍用 pH 计或 pH 传感器等可以精确测定溶液的 pH 值。 演示实验：用 pH 计测定雨水的 pH 值。	思考、回答。 阅读：教材第 91 页内容，完成学案上有关内容。 实验三：在点滴板中用广泛 pH 试纸测定溶液的 pH 值，记录结果并交流。 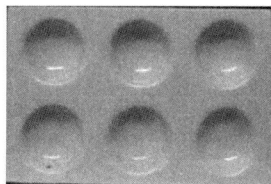	通过小组讨论交流，提升合作交流、阅读与归纳总结及表达能力。明确规范操作，提高动手操作能力，学会使用广泛 pH 试纸测定溶液的 pH 值。帮助学生从定性测定酸碱性提升为定量测定酸碱度，实现了从定性到定量的认知递进过程和认知深度提升过程，促进学生的思维螺旋上升发展，促使科学探究的深入和科学素养的发展，同时让学生开阔视野，感受科技前沿发展，激发创新意识。

在探究指示剂变色、指示剂应用和测定溶液的酸碱度的过程中,教师借鉴微型实验的思想,将实验放在反应板和点滴板中进行,便于学生比较指示剂的颜色变化,使实验效果更明显,同时也减少了学生取用药品所需时间,提高实验效率,还减少了反应药品的使用量,体现了节约和环保的思想。

环节四:pH 传感器测定盐酸稀释过程中的 pH 值变化(见表 5 - 4)

表 5 - 4

教师活动	学生活动	设计意图
演示实验:用 pH 传感器测定盐酸稀释过程中的 pH 值变化。	观察、思考、回答。	从酸碱指示剂到 pH 试纸,再到 pH 计,最后到 pH 传感器,引领学生对物质酸碱性层层深入地展开探究,沿着人类科技进步的路线及学生认知发展规律,帮助学生拓展认知渠道,实验测定酸碱度由定性到定量、由粗略到精密的思维的提升。

通过高精度、高速度的数据采集,把转瞬即逝的实验数据记录下来,便于学生仔细观察、加深理解,从而轻松地解决化学实验教学中的难题,并为第五章学习酸碱中和反应定性到定量的研究奠定基础。

环节五:家庭小实验:利用紫甘蓝自制紫甘蓝汁液指示剂(见表 5 - 5)

表 5 - 5

教师活动	学生活动								设计意图
播放自制紫甘蓝汁液指示剂的实验视频。 要求:选择用拍照或录制视频的方式记录你找到的生活中呈酸性或碱性的物质,作业发班级群。	观看视频。 寻找我们身边呈酸性或碱性的物质。方法指导:紫甘蓝汁是一种指示剂,它呈蓝色,它在不同 pH 值环境中的颜色变化如下:								通过自制酸碱指示剂,不仅可以帮助学生巩固本堂课所学的知识,还能让学生将所学知识进行创新性的应用。

pH	1	2	3	4—6	7	8	9—11	12	13—14
颜色	深红	玫红	粉红	浅粉色	蓝色	蓝色	紫色	绿色	黄色

学生学习知识是为了解决实际的问题,在前四个环节认知逐步提升的基础上,引导学生用紫甘蓝等生活中常见食品自己动手自制酸碱指示剂,判断生活中物质的酸碱性。这个活动不仅可以帮助学生巩固本节课所学的知识,还可以促使学生创造性地应用所学知识,形成科学从生活中来,最终又要回归生活、服务生活的意识,激发兴趣、拓宽视野,培养创新意识和实践能力,体会学有所用、学有所乐。

4. 教学反思

1) 设计微型实验,提高科学素养

化学实验作为化学学习中的一个环节,在课堂上起着至关重要的作用。然而传统的化学实验基本上都使用玻璃器皿,仪器较大,不便操作,导致化学课堂经常是教师一

个人在讲台上自导自演,学生缺乏主动参与的热情,学习效果很不理想。微型化学实验的出现在一定程度上改变了这一现状。微型化学实验具有操作难度低、使用试剂少等特点。微型化的仪器小巧、便携、不易破碎,也节约了资源。试剂的微量化,又使准备和完成实验的时间大大缩短,这意味着在有限课时内可以做更多的实验。实验的微型化使实验室的环境和安全大为改善,污染减少,消耗的能量减少。因仪器的体积小,试剂用量少,操作时须格外认真仔细,有利于学生强化动手能力、创新思维能力和环保意识,养成良好的科学态度与习惯,促进科学素养的提高。

2）借助数字仪器,提升实验素养

数字化实验具有实时、准确、便捷、综合、直观、先进等显著特点。数字化实验可以使一些定性实验向定量转化,科学性更强,从定量的角度帮助学生深入了解化学知识。数字化实验技术能用数据或图表直观地放大动态变化,实验更加显性化,用精确的数据量化变化的过程,从而得到更加准确、科学的结论。使用化学数字化实验系统可以降低教学难度,优化部分常规实验;可以帮助解决一些传统实验手段不能解决的问题。它方便学生加工实验信息,对实验数据作多维度、综合性的分析处理,培养学生学习和应用数字化技术的兴趣和意识,培养学生利用数字化技术获取信息、分析信息和处理信息的能力,让学生获得适应未来信息社会需要的创新能力、动手操作能力和思维想象能力,有助于提升学生的实验素养。

3）利用生活资源,激发探究意识

将化学教学活动的空间扩展到学生的生活环境,广泛地联系学生熟悉的事物,融合课堂内外。家庭小实验所表现出的化学知识直观、原汁原味,学生利用生活中容易获得的一些物品代替实验仪器完成家庭小实验,使得课内实验得到了延伸和补充。家庭小实验拉近了化学与生活的距离,让学生深切地感受到化学学科的真实性,丰富学生的经历,有利于发挥学生学习化学的积极性和主动性,提高学生的自主探究能力。

（本教学案例研究由上海市奉贤区古华中学高平撰写）

三、"酸碱滴定"教学案例研究

1. 问题的提出

2014年,教育部颁发了《关于全面深化课程改革,落实立德树人根本任务的意见》,意见指出,教育部将组织研究提出各学段学生发展核心素养的体系,将学科核心素养细化至各学科并在课堂上落实。化学学科作为一个重要的学科,对推动人类进步发挥了巨大的作用。在课堂中落实化学学科核心素养,有助于学生深刻理解化学、技术、社会和环境的相互关系,感受化学对社会发展的重大贡献,有利于学生的全面发展,也有利于对化学学科人才的培育。

实验是化学学科的重要组成部分,其中包含了定性实验与定量实验。定量实验是人类不断认识客观事物的必然结果。随着科技的不断发展,在实际生产生活中,定量实验越来越重要。定量实验使得人们可以从量上把握事物的本质及规律。学生通过定量实验,不仅可以获得关于化学实验现象的感性认识,培养观察和动手能力,也能培养科学分析、归纳总结的能力,更可以在量的分析中把握事物规律。在定量实验设计过程中,还要围绕定量实验中的"精""准"展开,完善实验操作,培养学生数据记录、误差分析能力。中学中的化学定量实验是学生学习科学方法的重要途径,帮助学生培养实事求是的科学态度和严谨求实的科学作风,促进高层次思维能力的发展,有助于提高学生的创造性和辩证思维能力,激发学生学习化学的兴趣,体会探究的艰辛与喜悦,为以后的学习、工作和科研奠定良好的基础。

在高中化学定量实验的学习中,学生往往会忽略定量实验中的"精""准"原则,"对定量实验中的'精''准'没能形成一种意识,即条件反射";对于实验的原理与操作往往也是机械记忆,缺乏学习的热情与兴趣,思维深度不够,表现在学生实验操作中屡屡犯错。因此,本文以"酸碱滴定"第一课时为例,谈谈在定量实验的教学中如何落实化学核心素养,帮助学生提高实验水平,培养学生严谨求实、勇于探究的科学精神。

2. 设计思想

1) 教材分析

定量实验是人们认识客观世界的重要途径,使人们对客观物质世界的认识更加理性与客观,现代化工生产和科学研究都离不开定量实验。滴定实验是化学学科中重要的定量实验,"酸碱滴定"是沪科版《化学》高二第一学期第十章第三节的内容,也是重要的学生定量实验。本节内容的学习有助于学生进一步树立定量实验中的"精""准"意识,帮助学生培养严谨求实的科学精神,感悟化学在生产生活中的应用。同时对酸碱反应原理的分析,注重从微观层面上进行实验方案的设计,鼓励学生多角度设计实验,培养学生从微观性质到宏观应用的思维意识,培养学生的探究和创新意识。

2)学情分析

在本节课前,学生已经接触了"气体摩尔体积的测定"和"硫酸铜晶体中结晶水含量的测定"两个定量实验,同时在高一学习了"配制一定物质的量浓度的溶液",学生对于定量实验中的"精""准"有了比较深刻的印象。

学生已经在第七章学习了离子反应以及离子方程式,知道了电解质在溶液中反应的本质,同时在初中阶段学生掌握了酸的通性,对于探究失去标签的盐酸的物质的量浓度,可以根据盐酸的化学性质入手,积极参与实验方案的设计。但学生实验设计能力较为薄弱,因此更体现了定量实验的必要性,在课后的实验设计中可以根据本节课中定量实验的原则进一步优化设计实验,这也体现了学生在体会事物过程中螺旋式上升的认知特点。

"酸碱滴定"第一课时侧重溶液体积的精确量取与滴定终点的准确判断,需要引入新的仪器,同时滴定终点的判断中指示剂颜色变化出乎学生的意料,理论描述较为抽象,对学生来说较有难度,因此在本节课中设置学生实验体验环节,通过观察仪器、借助图表、分析实验现象,让学生能够从感性到理性,进一步树立定量实验中的"精""准"意识。

3. 教学设计

1)教学目标

知识与技能

(1)解释氢氧化钠溶液滴定盐酸的实验原理;

(2)说出中和滴定中常用的酸碱指示剂;

(3)知道滴定管的构造以及操作方法;

(4)知道酸碱滴定终点的判断。

过程与方法

(1)通过分析盐酸与氢氧化钠反应的实质,设计实验,观察现象,感悟微观结构与物质性质之间的联系,培养科学探究意识;

(2)通过观察分析量取溶液体积的仪器,提炼各仪器的优点,设计符合探究意图的仪器,培养创新意识;

(3)通过对滴定终点的探究,体会量变到质变的变化规律,激发学习兴趣,辩证看待有限条件下的"精""准";

(4)通过优化实验设计方案,提高探究能力,感悟定量实验中的"精""准"。

情感态度与价值观

（1）感受化学在生产实际中的用途，感悟科学、技术对人类社会的重要意义，培养社会责任；

（2）培养严谨求实、崇尚真理的科学精神；

（3）设计实验仪器，培养创新意识；

（4）培养敢于质疑的实验探究意识；

（5）从化学反应的微观视角出发，设计实验，预测可能的现象，培养微观探析与模型认知素养。

2）教学重点

滴定管的构造与操作，滴定终点的判断。

3）教学难点

滴定终点的判断，定量实验方案的设计与优化。

4）教学流程

教学流程如图5-2所示。

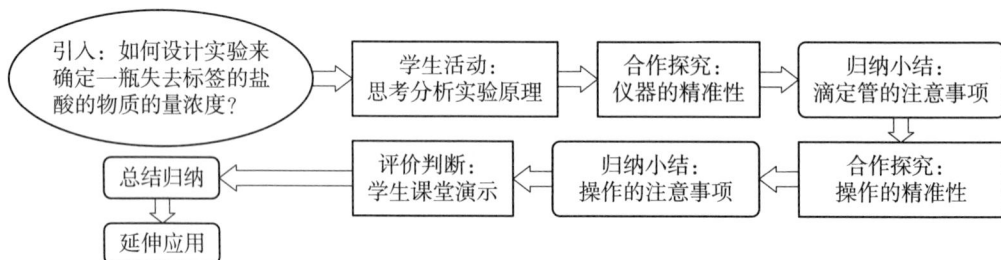

图5-2　教学流程

5）教学过程

环节一：情境引入——失去标签的盐酸溶液浓度的确定（见表5-6）

表5-6

教师活动	学生活动	设计意图
1. 引导学生从盐酸中的 H^+ 与 Cl^- 着手设计实验，并评价实验方案。 2. 选择酸碱反应进行着重分析，用一道计算题引导学生发现该实验过程中的两个关键点。	1. 讨论交流：设计确定盐酸的物质的量浓度的方法并评价。 2. 思考交流：用已知浓度的氢氧化钠溶液来测定未知浓度的盐酸的原理。 3. 思考：需要测定的数据，反应终点的判断。	1. 对于同一问题，学生通过不同的方法分析解决问题，培养学生的实验探究能力和解决问题的能力，并通过评价实验方案培养严谨求实的科学态度。 2. 教师引导学生根据盐酸中的微粒（H^+、Cl^-）研究设计实验，从微观层面着手分析，认识到盐酸的性质决定了它的检验方式，并通过它的性质来设计定量实验，培养学生从宏观和微观相结合的视角分析与解决实际问题的能力。 3. 从盐酸与氢氧化钠反应的本质着手，学生初步确定酸碱滴定的基本原理；再从一道计算题引发学生思考，发现并提出如何来解决溶液体积的量取和酸碱滴定终点判断的问题，优化实验方案，培养独立思考能力。

环节二：合作探究——酸碱滴定中仪器的"精准性"（见表 5－7）

表 5－7

教师活动	学生活动	设计意图
1. 根据所给仪器，引导学生思考讨论如何准确量取溶液的体积。 2. 引导学生观察滴定管构造。 3. 引导学生向滴定管中加入蒸馏水，感受滴定管的使用，介绍润洗的作用，进而让学生体会仪器在使用过程中的精准性。	1. 思考讨论：根据实验盒中的仪器（烧杯、量筒、移液管、分液漏斗），交流分析如何准确量取溶液的体积。 2. 观察分析交流：滴定管的构造。 3. 交流实验体会：滴定管的使用。	1. 通过观察体验烧杯、量筒、移液管，让学生感受到量取溶液体积的精确度与仪器直径的关系，预测仪器构造与实验精确度的关系；同时借助分液漏斗，引发学生在反应过程中标准液滴加方式的思考，帮助学生思考从实验原理再到实验仪器、步骤的优化与调整，培养探究、质疑、创新思想。 2. 在观察滴定管的过程中，引发学生对仪器的对比，及时鼓励学生的探究思维；观察滴定管与量筒之间的差异，鼓励学生动手感受实验仪器并交流体会。 3. 引导学生向滴定管中加水，体验滴定管的使用，并交流滴定管的使用注意事项，让学生来发现问题——若洗涤后直接加溶液，则会导致溶液浓度偏小而导致误差。引导学生在体验过程中初步学会收集证据，对可能出现的结果予以假设，优化实验操作，培养严谨求实的科学精神和创新意识。

环节三：合作探究——酸碱滴定操作的"精准性"（见表 5－8）

表 5－8

教师活动	学生活动	设计意图
引导学生思考： 1. 如何判断酸碱滴定的终点； 2. 指示剂的选择，指示剂加在哪里； 3. 酸碱滴定中滴定终点的现象： 资料提示： 酚酞显色范围为(pH 值)：8—10； 甲基橙颜色范围为(pH 值)：3.1—4.4。 (1) 标准碱滴加到未知酸中，用酚酞作指示剂，则滴定终点判断：是无色变为浅红色还是无色变为红色？ 以上为 0.1 mol/L 的 NaOH 溶液滴加到 20.00 mL 的 0.1 mol/L 的盐酸中的 pH 值变化图： (2) 当滴定终点指示剂变色后，颜色又迅速恢复，则说明什么问题？如何解决？ 4. 在滴加过程中如何确保反应充分？ 5. 介绍偶然误差。如何在操作过程中避免引入偶然误差？	思考讨论： 1. 滴定终点溶液的酸碱性； 2. 滴定中指示剂的使用； 3. 滴定终点的判断； 4. 操作过程中的注意事项： (1) 标准液滴加进未知液中，并不断振荡盛有未知液的锥形瓶； (2) 眼睛观察锥形瓶指示剂颜色，左手控制滴定管旋塞； (3) 终点判断：当指示剂由浅至深变色后，并保持一分钟内不变色； (4) 引入平行试验以避免或减少偶然误差，排除操作误差。	酸碱滴定终点现象的判断和原理是难点，教师引导学生围绕定量实验的"精""准"原则，围绕探究目的，优化实验方案，对指示剂的选择、滴定终点现象的判断、pH 值突跃过程中的误差分析、平行实验的引入等进行思考分析，尊重事实和证据，感悟"精""准"的重要性，同时也使学生意识到受仪器、药品的局限，绝对的"精""准"难以达到，培养学生独立思考和严谨求实的科学精神。

环节四：实验演示,评价判断——学生演示实验并评价(见表 5‑9)

表 5‑9

教师活动	学生活动	设计意图
引导学生观察演示实验并评价	1. 学生演示实验:用标准氢氧化钠滴定未知盐酸。 2. 观察分析讨论:结合定量实验的精准性这一原则,评价学生演示实验操作情况。	1. 学生演示酸碱滴定操作,既是对本节课中酸碱滴定学习的及时反馈,又是对定量实验中的"精""准"的进一步感悟,体会运用化学知识来解决实际问题,感悟化学的魅力。 2. 通过对数据的记录和处理,帮助学生树立崇尚真理、严谨求实的科学态度。

环节五：滴定延伸应用——在实际生活中滴定的其他用途(见表 5‑10)

表 5‑10

教师活动	学生活动	设计意图
介绍:根据不同的反应原理,将滴定分为配合滴定、酸碱滴定、氧化还原滴定、沉淀滴定。	思维拓展:滴定法在分析化学中的应用。	1. 让学生感悟滴定操作是一种常见的定量分析手段,其操作简便、精确。 2. 引导学生深刻理解化学与生产生活的相互关系,感悟化学的用途,培养社会责任感。

环节六：课后延伸——对测定未知溶液浓度其他实验方案的探究、设计(见表 5‑11)

表 5‑11

教师活动	学生活动	设计意图
引导探究: 1. 思考根据硫酸与氢氧化钡反应的实质,用 0.1 mol/L 的稀硫酸滴定未知浓度的氢氧化钡,引导学生思考:滴定法结合电导率实验,则实验结果是怎样的? 2. 结合实验方案设计,可以如何细化实验操作步骤?	思考:(1) 结合离子方程式,思考电导率可能的变化趋势,并课后做相关实验。 (2) 对几种盐酸浓度测定方案设计操作步骤。	引导学生在"精""准"的基础上进行拓展,从不同视角对该类问题用不同的方法加以解决,揭示变化的根本特征,进一步优化实验方案,培养学生的科学探究和创新意识。

4. 教学反思

1) 教学设计说明

"精""准"是定量实验学习的重要原则,在实验原理、装置原理、操作原理等方面应尽可能提高实验的精准性。滴定实验是化学学科中重要的定量实验。本节课围绕着定量实验中的"精""准"展开,引导学生从实验方案的设计与实验仪器的设计等角度进行实验探究,既培养学生严谨求实的科学精神,又培养学生的科学探究意识和创新意识。

环节一,情境引入:学生课前思考如何确定失去标签的盐酸的物质的量浓度,激发兴趣,从微观角度思考,围绕"精""准"原则进行实验方案的设计与优化,培养探究意识。环节二,合作探究酸碱滴定仪器:学生结合所给实验仪器,进行对实验装置(滴定管)构造的感悟,培养创新意识。环节三,合作探究酸碱滴定操作:教师引导学生分析 pH 值的突跃,其误差因条件限制无法避免。培养学生独立思考和严谨求实的科学精神。环节四,实验演示,评价判断:通过学生演示实验培养实验操作能力,让学生感受探究成果,尊重事实,感悟求实的科学精神。环节五,滴定延伸应用:帮助学生进一步感受不同的滴定操作,感悟化学在生产生活中的应用,培养社会责任意识。环节六,课后延伸:通过引入 DIS,进一步拓展实验方案与实验仪器,培养探究意识与创新意识,提升学科素养。

2)反思

在定量实验中,"精""准"意识的培养对于培养学生求实的科学精神有着重要的意义。本课中学生围绕实验目的,依据实验原则,设计实验方案与仪器,该思维方式对于学生学习实验化学有着指导启发意义。在教学过程中,教师也应根据学情,借助相应的教具,适时地启发引导学生,帮助学生形成分析问题、解决问题的一般方法。

(1)挖掘问题本质,培养探究能力。美国教育家萨奇曼说过,在教学过程中,应使学生产生疑问——"为什么事件会如此这般发生",然后学生为解答疑问,合乎逻辑地获得资料和加工资料,并形成一般的理智策略,找到答案——"为什么事件就像现在这种样子",这样有利于发展学生理智素养。在探究过程中,教师要引导学生抽丝剥茧,从问题的本质着手,通过对本质的分析,引发学生从微观角度思考问题,从而归纳总结出解决此类问题的一般方法。本节课中通过 HCl 的电离方程式着手,同时依据离子方程式从微观层面上进行实验方案的设计,培养学生从微观性质到宏观应用的思维意识,培养探究能力。

(2)多途径解决问题,践行创新方法。爱因斯坦认为,从新的角度去看待旧的问题,需要有创造性的想象力,这标志着科学真正的进步。一个问题往往有多种解决方案,教师在授课的过程中应积极引导学生多维度看待问题、多途径解决问题。从多维度看待问题,可以帮助学生更全面地认清事物的本质,而不是盲人摸象;同时通过多途径解决问题,培养学生的科学思维能力和创新意识。在课堂引导学生对未知浓度盐酸中的 Cl^- 的检验设计实验方案;课后引导学生思考根据硫酸与氢氧化钡反应的实质,如何测定未知 $Ba(OH)_2$ 的浓度,引发学生从不同视角对该类问题用不同的方法进行解决,揭示变化的根本特征,培养学生的创新意识。

（3）积极参与课堂，提升学科素养。在学习过程中，学生积极参与各个环节，体验科学探究，感受科学精神，提升了学科素养。在导学案中，学生思考问题、猜想假设、收集资料、设计方案，在课堂中进一步交流与评价。教师引导学生运用模型、证据来预测物质及其变化的可能结果，建立解决复杂问题的思维框架，培养证据推理和模型认知核心素养；引导学生依据探究的目的设计并进一步优化实验方案，根据实验结果来进行信息加工、解释实验现象，培养学生的实验探究和创新意识核心素养。

总之，定量实验是学生学习科学方法的重要途径，对培养学生的科学素养有着重要的意义。学生在学习过程中可以感受到定量实验的"精""准"，既在实验设计中提高了实验探究能力和创新能力，又培养了严谨的科学精神。

（本教学案例研究由上海市奉贤区致远高级中学蒋楠撰写）

四、专家点评

上海市古华中学高平老师和上海市致远高级中学蒋楠老师的"聚焦科学探究与创新意识的教学设计的思考与实践"研究,经两年多的努力,完成了研究任务,取得了预期的效果。我提出以下看法:

第一,选题具有较高的价值。随着新课改理念的不断深入,核心素养体系的建设与完善已经成为当代教育发展的趋势。课题以初中和高中的课堂为研究对象,以新课程理念为指导,开展化学探究活动,能有效促进教师教学方式和学生学习方式的转变,有利于加快高中新课程改革的进程。两位教师充分应用化学实验帮助学生从现象到本质探究反应的本质。在新的高中化学课程改革中,一个引人注目的变化是"更加注重培养学生的核心素养,更加强调提高学生综合运用知识解决实际问题的能力""运用化学实验,调查等方法进行实验探究""善于合作,敢于质疑,勇于创新"。毋庸置疑,化学实验对于提高化学教学质量、全面落实培养科学素养的目标,具有其他化学教学内容和形式所不能代替的特殊作用。

第二,研究成果具有创造性。两位老师的研究成果的创造性体现在:①设计微型实验,提高了课堂实效;②借助信息技术,拓展了认知渠道;③利用生活资源,应用升华认知,并辅之一些简单、易得的物品作替代仪器,组成实验盒,不但丰富了器材、降低了成本,而且使用方便,便于组织开展课内外的化学探究活动,还能打破化学实验及器材的神秘感,让学生感受到化学就在身边。

第三,研究思路正确,方法恰当。课题以案例开发、课堂教学、课外活动以及微型实验室的建设与管理等作为主要研究内容,以新课程理念为指导,开展理论与应用的研究,其思路是正确的。小组成员分工明确,各有侧重,参与面广。研究方法适当,论证严谨,材料丰富,结果可信度高。

第四,两位老师卓有成效的研究,丰富了化学实验的实践经验,对推广化学实验在化学课堂教学的应用具有指导意义。

本次研究从理论上对化学实验的必要性和原则性进行了探讨,初步探索出化学实验室建设和管理方法。

两位老师开发了大量的案例。案例涵盖了初中化学和高中化学。既有性质实验,也有制备实验;既能替代常规实验,又具有环保、效果明显、便于操作等优点。这些案例还可以进一步开发为校本课程,发挥更大的作用。

本研究与应用一定会带来教学质量的显著提高,使该校化学学科在等级考中不断取得佳绩。

总之,这一研究价值较高,研究思路清晰、方法恰当、成果显著,具有推广价值。本人从中也获益匪浅。希望两位老师进一步开发案例,并对其他学校开展培养学生化学学科核心素养的化学实验探究给予指导和帮助。

（上海市正高级教师、特级教师　徐建春）

第六章

聚焦科学态度与社会责任的
教学设计的思考与实践

　　中学化学教育是培育学生科学态度与社会责任的重要载体,科学态度与社会责任是化学学科核心素养之一。学生通过化学学习可以培养严谨的科学态度、探索未知的科学精神和科学方法,感受化学对人类社会的贡献,树立化学与自然、社会和人类联系方面的更高层次的价值追求。通过教学活动的科学设计,关注学生科学态度与社会责任的培育,在化学教育实践中具有极其重要的意义。而素养的培育必须充分发挥学生的主体作用,倡导学生发现和提出有探究价值的化学问题,自主设计探究活动,自主完成探究并进行交流展示。在科学探究过程中不仅深化学科知识本身具备的价值,在相互合作中体现团队的价值,而且在探究、交流和展示中培育综合素质,实现化学更高层次的育人价值的目标。

一、研究背景与教学策略

1. 研究背景

1）传统教学忽视科学态度与社会责任的培养

（1）重知识，轻实际问题的解决。传统的化学教学关注具体知识的讲授，而不重视知识与实际问题之间的联系，所以学生即使掌握了化学知识，依然对实际问题束手无策，更无法体会化学对社会进步的重要意义，无法激发学习的内驱力。

（2）重结论，轻知识的形成。传统的化学教学以知识讲授为主，关注知识结论的标准化呈现，而不重视让学生体会知识是如何形成的。学生不能深刻体会知识进步的意义，以及科学研究的艰辛历程，不会珍惜研究成果。

（3）重验证，轻探究。在传统的化学实验教学中，重视对已有的实验结论的验证，而忽视实验中出现的超出预设的实验现象的探究，所以学生的质疑、探究的科学精神得不到有效的培养。

2）忽视科学态度与社会责任培养的弊端

忽视科学态度与社会责任培养会产生很多的弊端，例如，企业违规存放危险化学品造成天津港火灾爆炸事故，江苏省昆山中荣金属制品有限公司发生重大铝粉尘爆炸事故，等等。这些案例都在告诉我们，现代教育需要培养的人才应该具有严谨求实的科学态度、强烈的社会责任感和不可或缺的安全意识。

3）重视科学态度与社会责任培养的益处

化学发展史告诉我们，社会的进步、科技的发展离不开尊重实证、尊重生命、尊重环境等方面严谨的科学态度。例如，由于受"燃素说"影响，舍勒、普利斯特里与真理擦肩而过，而坚持定量研究的拉瓦锡用多组科学实验的数据彻底推翻了长久以来的错误观念。

第一次世界大战后，中国化工企业被索尔维工会国际组织掐住进口洋碱通道，导致国内企业纷纷停产。面对国家困境，侯德榜刻苦钻研，终于研究出制碱原理。他没有申请专利乘机赚钱，而是将方法公布给全世界，让更多的国家发展工业。这让全世界人民感受到了中国人的广阔胸怀。他的举动也推动了世界化学工业的进步。

综上所述，培养学生的科学态度与社会责任至关重要，这将为他们更好地服务社会奠定坚实的基础。科学态度与社会责任的培养主要在特定的、显性的教学情境中完成的：重视知识的形成，渗透辩证唯物主义思想；关注社会热点问题，提高环保意识；设计探究性（研究性）实验，培养科学精神和实践能力；等等。

2. 教学策略

化学中有大量情境素材可以培养学生的科学态度与社会责任，如核心知识形成过程的思维培养，关注社会热点解决实际问题的能力提升，化学史素材挖掘的科学精神熏陶，探究性实验设计的科学能力培育，等等。如何开展中学化学教学，是教育界始终在探讨的热门话题。以下结合化学教学现状和中学生的学习特点，提出培养学生科学态度与社会责任的教学策略。

1）注重知识形成，渗透辩证思想

在化学物质教学中，应加强用化学基本概念和化学基本原理分析物质的类型、结构、性质和变化规律，展现化学独特的思维美，强化辩证唯物主义思想渗透，让学生感悟化学严谨的科学态度。例如，"以'结晶水合物中结晶水含量的测定（第一课时）'为例"案例中，教师引导学生思考胆矾晶体和硫酸铜粉末的颜色为何不同，让学生自主寻找硫酸铜晶体中结晶水含量测定的方法。在寻找方法中，学生思维从事物的表象，发展到深入思考晶体化学组成的本质，再到选择加热使晶体失水产生质量差从而测定晶体含水量的高阶思维模式，最后摸索出恒重操作是确保失水完全的关键。整个方案都是学生自己形成对知识的建构，从了解、熟悉到应用，再修正思维的漏洞，渗透了辩证唯物主义思想。

2）关注社会热点，提高环保意识

绿色化学是化学中的重要分支，初、高中化学教材中均有所涉及。在教学过程中，教师可以结合垃圾分类、全球变暖等社会热点问题，激发学生保护环境的意识。例如，可以带领学生通过对"柑橘类湿垃圾提取精油"课题的研究，让学生体会用化学知识和方法就能使废弃的湿垃圾变为生活中的香料，增强了学生运用化学知识的自信，促进了学生坚持环保的动力。

3）设计探究性实验，培养科学精神

化学学习离不开实验，教师在开展化学实验的教学过程中，要让学生自主设计实验方案，交流展示并优化实验方案，最后由学生完成实验。例如，在"氯化钠的性质复习"案例中，学生观看奉贤区博物馆中陈列的晒盐照片后，针对物理提纯中无法除去可溶性杂质（Na_2CO_3、Na_2SO_4、$CaCl_2$、$MgCl_2$）这一问题展开讨论，利用盐类物质的性质设计实验方案。学生在合作实验过程中不仅体会了如何选择试剂除杂，更体会了加入试剂的量的问题与加入试剂顺序的重要性。在展示的过程中，学生在他人的基础上不断优化、简化流程，达到更好的提纯效果。通过这一系列过程，学生的科学研究能力得到了提升,增强了科学解决问题的自信,实验操作能力也得到了提高。

4）挖掘化学史,提升社会责任感

化学教材中包含众多的德育教育资源,教师应当积极地对这些资源进行搜集、整理和归纳,将不同类别的资源集中到一起,为后续有效开展德育教育打好基础。例如,搜集化学教材中的化学史料、化学人物资料,将其作为培养学生意志品质、探索精神的素材。搜集化学教材中关于我国科学家积极投身化学研究、立志报国的资料,如在"酸碱盐"内容中关于侯德榜制碱报国的故事等,将其作为爱国主义教育的重要素材。搜集关于垃圾回收、节约利用资源的材料,将其作为环境保护教育的素材等。教师可对这些内容进行全面的梳理和归纳,为化学教学提供有效的资源支撑。

5）依托美育内容,实现以美促德

化学教学中不可忽视美育,如化学定理的规律美、化学知识的结构美、化学家的人性美。既然化学本身就是美的,那么在化学教学中就可以用各种各样的化学美来触动学生的灵魂,实现德美共生。例如,在"质量守恒定律"教学中,学生可以从三代科学家不断探究、不断推导、不断提炼的复杂过程中发现化学规律的简约之美;从罗蒙诺索夫、拉瓦锡等人身上,学生看到了坚持不懈、不畏艰难、追求真理的科学精神和意志品质,发现了科学的品质美。学生在感受美的同时自然生成了美好的情感、意志和态度。在元素化合物复习的教学中,可以围绕地域文化特色,通过本土化学发展的历史背景渗透社会责任教育,突出爱国、爱家乡教育,在问题中渗透德育教育。

总之,指向科学态度与社会责任的化学教学,对于学生未来的发展具有积极的促进作用。教师要不断增强对科学态度与社会责任培养的重视力度,明确科学态度与社会责任的渗透目标,充分挖掘教材中的教育资源,根据教学需要适当进行拓展和补充,并在具体的教育过程中优化渗透的形式,不断提升教育的效果,让学生在化学课堂上夯实化学知识,得到高水平的教育,为全面发展助力。

二、"氯化钠的性质复习"教学案例研究

1. 问题的提出

《上海市中学化学课程标准》指出,结合教学内容对学生进行思想品德教育是化学教学的一项重要任务,它对促进学生全面发展具有重要意义。这充分表明德育在化学教学中的重要地位。《普通高中化学课程标准(2017年版)》也指出,化学学科核心素养是学生发展核心素养的重要组成部分,反映了社会主义核心价值观下化学学科育人的基本要求。化学学科必须承担对人的"社会性培育"职责,化学教学必须坚持党的"立德树人"的教育方针:立德是通过化学教学引导人、感化人,培养对个人、他人和社会的正确价值观;树人是通过化学教学磨炼人、发展人,培养做人的必备品格和做事的关键能力。因此,化学教学不仅要帮助学生认识客观世界,获得化学知识,还要提高学生的思维能力和智力水平、培养学生健全的人格和正确的价值观、促进学生个性化的生命成长。化学学科的育人内容非常丰富,包含化学的概念及其基本理论的产生、发展和演变,近代化学工业的迅猛发展过程,以及这个过程中涌现出的很多胸怀爱国情怀和民族大义的科学家。此类人文知识的介绍是渗透爱国主义和民族精神教育的绝好契机。

本文以"氯化钠的性质复习"为例,尝试以化学史为主题背景,将氯化钠的性质复习和提纯除杂等问题相联系,通过师生共同探讨方案,促进预设目标的达成,挖掘化学学科中的育人价值,激发学生对家乡的热爱之情,树立振兴中华的爱国情怀。

2. 地域文化简述

根据历史资料记载,上海市奉贤地区有着悠久的制盐历史文化。奉贤盐场在奉贤区西南,杭州湾畔。该地历来为产盐区,秦汉时已有盐业生产,唐代设有盐场。早在秦代的时候,今天奉贤的柘林一带就呈现出一幅"海滨广斥,盐田相望"的景象。《史记》中也有类似的记述,西汉时"吴王濞则招致天下亡命者益铸钱,煮海水为盐",其煮盐地点就在今天上海的古冈身一带。奉贤的盐场最早在唐代就出现了,当时的古华亭隶属于嘉兴盐监,而徐浦盐场的办公机关就在华亭县白砂乡,也就是现在的南桥一带。唐代在这里设置了"盐课",隶属嘉兴盐监,这是一个专门掌管食盐生产的机构,元朝时隶属于两浙盐运司嘉兴所。到宋元时期,上海的盐业生产最为鼎盛,在现今上海辖区内当时共

有江湾、大场、南跄、黄姚、清浦、青村、袁部、下砂、浦东九处盐场,盐的年产量达到了3 000万斤之巨。奉贤南部沿海一带,明朝人何孟春曾经有过这样的记载:"今日之盐,煮海者偏东南;煮井、煮卤、种颗者出西北。"奉贤位于东海之滨,凤檀渔盐之利,在古代是我国著名的海盐产区之一。历史上,奉贤盐场经历了几次变更:五代乾祐年间(公元948—950年)设置青墩盐场,置监官廨于青墩(今奉城)。南宋时,改名为青村盐场,下辖青村南盐场和青村北盐场。元代,改分场为团,青村场辖4团,计有一团、二团、三团和四团,明代增为5团。清雍正四年(公元1726年),奉贤建县。建县以后,青村场署(盐务所)当时设在高桥海塘外,现在那里还有一个地方名叫"盐仓庙"。1958年,青村盐务所宣布取消,完成了200多年的历史使命。奉贤辉煌的制盐史为化学教学提供了育人素材,成为本案例中贯穿始末的重要线索。

3. 设计思想

1)学情分析

九年级学生在刚学完新授课的基础上,对物质的化学性质,化学方程式的书写和理解,以及物质的简单鉴别、检验和推断都有了初步的认识。由于化合物的知识涉及物质和化学反应较多,学生对其认识处于初步感知和记忆水平,缺乏对知识间相互关系的深入理解。学生还未形成相应的知识结构,相对零碎的认知造成了学习上的困难,因此,需要通过专题复习来建立系统的知识网络。除此以外,学生对书本以外的物质用途和制备了解甚少。例如,在学习盐酸盐氯化钠时,教师通过问卷星初步调查得知,88%的学生不清楚奉贤地区的制盐史,对制盐过程有所了解的学生只占3%,学生缺乏将所学知识与生活生产联系起来的基本素养,在学习中只追求掌握知识与技能,忽视了化学对人类文明发展的巨大贡献。由此教师意识到,在教学中可借用制盐史来激发学生对家乡的热爱和自豪感,落实"立德树人"的育人目标。

2)教材分析

氯化钠的相关知识无论在初中阶段或是高中阶段均有所涉及,在初中阶段的教材及教学基本要求中,都以氯化钠为盐酸盐的典型代表展开分析。其相关的提纯知识也贯穿整套教材,从第一章的物质简单的提纯方法,到第三章溶液中的除杂方法,一直到第六章金属和盐溶液中金属的回收和利用,都涉及物质提纯和除杂。所以,以氯化钠为例进行的主题复习,是对学生已有的提纯知识做温故知新,为学生进一步在高中学习卤素知识打下基础,更是为了提升学生的科学探究与创新意识等核心素养。

3)教学流程

教学流程如图6-1所示。

4)教学过程

本节课中学生共经历了三个分主题。在"主题1 人类的制盐历史"背景下,学生依

主题线	情境线	学生活动线	德育渗透线
人类的制盐历史	1.地球表面分布着富含氯化钠的海水、盐岩和地下盐井。	阅读资料解决问题 1.开采岩盐、熬制井盐、海水晒盐就是类似于我们学过的提纯。2.过滤、蒸发后得到的"盐"是否纯净？	在复习中多次感受家乡文化，激起爱国情怀。
	2.图片展示 奉贤博物馆陈列的奉贤沿海晒盐的照片。	讨论和练习 在确定海水中存在的可溶性杂质后，讨论如何逐一将杂质除去，达到提纯效果。	在讨论与分析中培养学生的合作精神、质疑精神。
氯化钠的提纯与除杂	3.展示实物 一包粗盐，观察可见有零星黄色颗粒，说明粗盐中氯化钠的纯度较低。	计算和分析 通过溶解度计算，确定粗盐与水的大致比例。 讨论和设计 根据已有知识，确定所需试剂、用量、添加顺序。讨论实验步骤，确定所需仪器。	在解决问题中感悟祖先的智慧，民族自豪感油然而生。
	4.展示粗盐与精盐的对比图。	小组实验 动手完成除杂，并提纯得到精盐。 讨论和设计 根据除杂顺序，确定可能存在的过量物质，设计方案验证。	在学习中真切地感受化学成果应用于生产、生活中的重要性，体会化学对人类社会发展的巨大贡献。
氯化钠的用途	5.播放自制小视频"夏天喝什么"。	讨论与拓展 了解奉贤区的四团、大团、六灶等地名都与晒盐有关，查阅资料了解家乡的历史。	

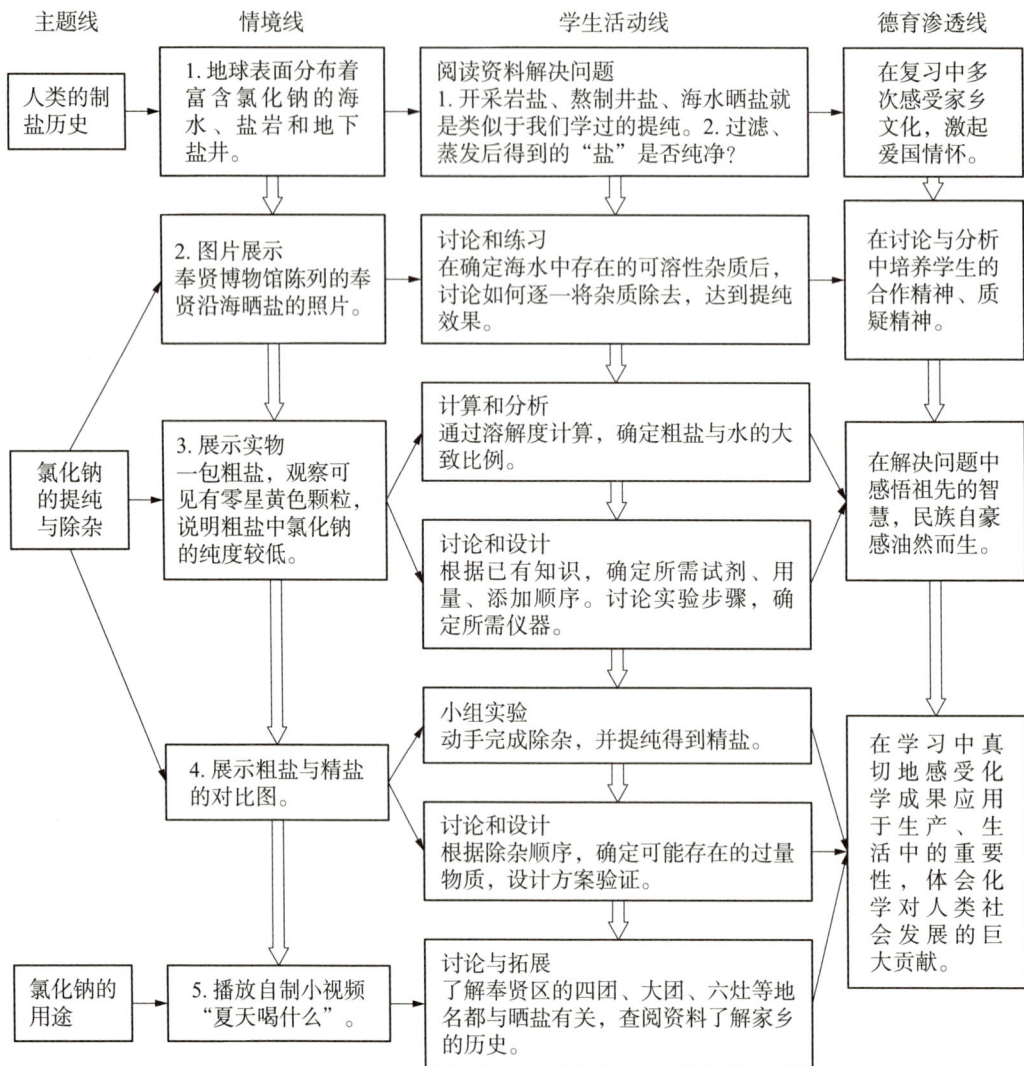

图 6-1 教学流程

据教师创设的"情境1"产生"问题1"。在问题的驱使下，学生阅读制盐的三段历史，通过简单交流，学生能够将已学过的提纯知识与制盐的原理联系起来，顺利完成物理方法提纯氯化钠的知识复习，在复习中多次感受家乡文化，激起爱国情怀。

在"情境2"中，用奉贤区博物馆中陈列的晒盐照片开启"问题2"的探究，学生针对物理提纯中无法除去可溶性杂质这一问题展开讨论。针对存在的一部分可溶性杂质（Na_2CO_3、Na_2SO_4、$CaCl_2$、$MgCl_2$），探讨如何逐一除杂，唤醒了学生对盐类物质的性质复习。在学生自主回忆 CO_3^{2-}、SO_4^{2-}、Cl^-、Ca^{2+}、Mg^{2+} 的化学性质时，梳理得到除去单一杂质所选用的试剂。与此同时，学生在合作探讨过程中得到了提纯过程中试剂选择的原则，课堂学习氛围被充分调动起来。接着，将"情境3"抛给学生，"问题3"和"问题4"中不仅需要学生定性分析多种杂质的除杂方法，还需要学生在实验过程中考虑定量问题,打通书本与生活的界限。在这一情境中,师生关注的不仅仅是如何选择试剂除杂,更需强调加入试剂的量与加入试剂顺序。学生在设计方案时,教师与学生一起解决以下问题:如何选择试剂,在试剂过量的情况下如何考虑下一步操作,如何调整加入试剂的顺序,如何在原有基础上优化、简化流程以达到更好的提纯效果。学生对于流程的设计可以是多样的,对上述流程进行简化和优化,也是考验学生能否想到尽可能用一种试剂除去多种杂质等方法。在这一过程中,学生的能力进入提升阶段,结合设计的方案,挑选合适的实验仪器,再一次发挥团队力量完成提纯实验。学生通过观察实验现象,反思操作过程中的细节问题,而教师则用"情境4"再次追问是否可能存在"滴加的试剂过量"。对此,学生表现出对解决问题的强烈自信,生生之间对话碰撞出智慧的火花。学生不禁感叹家乡祖先的智慧,为身为炎黄子孙而无比骄傲。

"问题3"更贴近生活,在进入教师设计的"情境5"后,学生对氯化钠这一物质的学习激情被再一次点燃,大家百花齐放、各抒己见,真切地感受化学成果应用于生产、生活中的重要性,体会化学对人类社会发展的巨大贡献。

至此,学生在教师创设的探究主题中,不仅巩固了初中阶段元素化合物知识,还从定性出发到定量分析得到提纯的一般方法,培养分析能力的同时,也在实验操作、计算能力、学科思维等方面得以锻炼。而学生所学的家乡历史文化,更让他们感受到化学所创造的辉煌文明,激励他们不断传承和发扬。

4. 教学反思

1) 借助化学史,渗透爱国教育

在人类文明发展过程中,我国古代的化学成果对整个人类历史进程影响巨大,火药、造纸术等都是中华民族的智慧结晶。初中学生刚开始学习化学,借助化学史知识可以使学生深刻了解化学对我国科技发展起到的推动作用,促进学生以祖国为荣的自豪感。在本节课中,教师用一段制盐史拉开学习序幕,构建了学生自主探讨的学习情境。在师生互动双向活动中,教师提供多媒体、白板实时共享软件和白板磁性贴纸这些工具,使学生有更多的机会表达自己对祖国科学发展的建议,有更多的平台展现自己的学科创新能力,有更多的时间共享他人对化学知识的学习成果。在让化学知识成为学生能力进步、素质培养、学科内涵内化的载体的同时,也让学生对祖国的建设树立信心,不断激励学生学习化学知识,树立爱国理想。

2) 依托学习活动,渗透爱家乡教育

爱家乡是爱国的具体体现。在本节课中,教师将家乡文化贯穿于学生活动线,设计了"了解奉贤区制盐历史—提纯得到精盐—现代制盐技术"这一学生活动明线,并埋伏了"物质的除杂"这一学生活动暗线。明、暗线结合,推动了师生进一步挖掘制盐文化中的科学问题。在研究地区制盐方法的基础上,运用所学氯化钠的性质,完善提纯方案,

最终达到学习目的。学生在活动中查阅家乡历史、了解地域文化,不仅开拓了视野,也被家乡祖先的智慧所折服,提升了民族自豪感。依托自主学习活动,促使学生感悟到家乡文化的发展造就了化学的发展,而化学的成就也让我们得以更好地服务社会、创造文明。

3）在复习教学中渗透爱国、爱家乡教育

初中化学复习课的常见模式是"梳理知识—归纳重、难点—练习巩固",这样的模式既无法激发学生更深层次的求知欲,也无法渗透爱国主义教育。结合家乡文化、挖掘教材中所蕴藏的爱国主义教育内容,对知识在一定程度上进行再处理、再加工、再转换的"全新包装",这一复习模式综合了生活、生产和科学研究中的相关化学问题,并将爱国主义素材融入其中,不仅能有效地提升学生的素养,也能激发学生热爱家乡、为振兴中华而努力学习的意识。原本枯燥的复习课堂充满爱国主义情感,学生学习积极性高涨,收到良好的教学效果。

总之,在化学教学中渗透爱国、爱家乡教育,有利于丰富学生对化学知识的感性认识。努力把学生培养成爱祖国、爱人民、爱科学、爱劳动、爱社会主义的人,是历史赋予教育工作者的神圣使命。

（本教学案例研究由上海市奉贤区汇贤中学吴珏撰写）

三、"结晶水合物中结晶水含量的测定（第一课时）"教学案例研究

1. 问题的提出

德育是教育的灵魂，也是素质教育的核心。化学作为一门重要的基础学科，其中蕴含着丰富的德育因素，它既能提升学生的思想道德素质，培养学生严谨的科学态度，还能提高学生的审美能力和团队协作能力。化学学科核心素养是德育教育在化学教学中的重要着力点，可以培育学生具有化学学科特质的关键能力和必备品格。因此，如何在具体的课堂教学中渗透、落实化学核心素养，已成为化学德育教育的热点。

本文以"结晶水合物中结晶水含量的测定（第一课时）"为例，尝试在化学教学中，通过向学生展示美丽的硫酸铜晶体，从而激发学生对美的认知。在硫酸铜晶体结晶水含量测定的实验方案的设计、讨论和确定的过程中，让学生体会竞争与合作的关系，培养大局观和精益求精的做事态度。出现实验结论与理论值不相同时，让学生坚持数据的客观性，从而养成严谨的科学态度和实事求是的原则。列举生活中的实例，如血清化验、饮用水重金属元素检测等，强调精确测定对人类的重要性，增强社会责任感。

2. 设计思想

1）基于核心素养的学情分析

学生实验是每个学生在高中阶段都会频繁接触到的。然而由于学生知识层次的局限以及实验室条件的限制，学生在化学实验课上完成较多的是一些定性实验，对于具有精准数据要求的定量实验则较少涉及。学生对定量实验的概念、方法理解不足，定量实验操作的经验不够，思维层次停留在比较浅的水平。同时，定量实验的综合性强，学生的批判性思维品质和全面分析的能力较弱，一定程度上增加了学生学习本课题的难度。

2）基于核心素养的教材内容的选择

教学的目的不仅是知识的传承，更重要的是通过核心素养的培育使学生具有可持续发展所需的必备品格与关键能力。在化学课程教学中，我们更倾向于选择能够促进学生理性思维、探究精神和批判质疑的知识。高中阶段，化学实验有定性实验和定量实验之分，现代化学的发展与定量测定技术的进步密切相关，从量的角度研究化学，更具

有社会意义。上海二期课改高二化学教材，通过第十章的三个实验(测定 1 mol 气体的体积、结晶水合物中结晶水含量的测定、酸碱滴定)让学生了解测定原理，学会测定方法，感受定量实验中的"精""准"思想以及严谨的科学态度。

3) 教学流程

教学流程如图 6 - 2 所示。

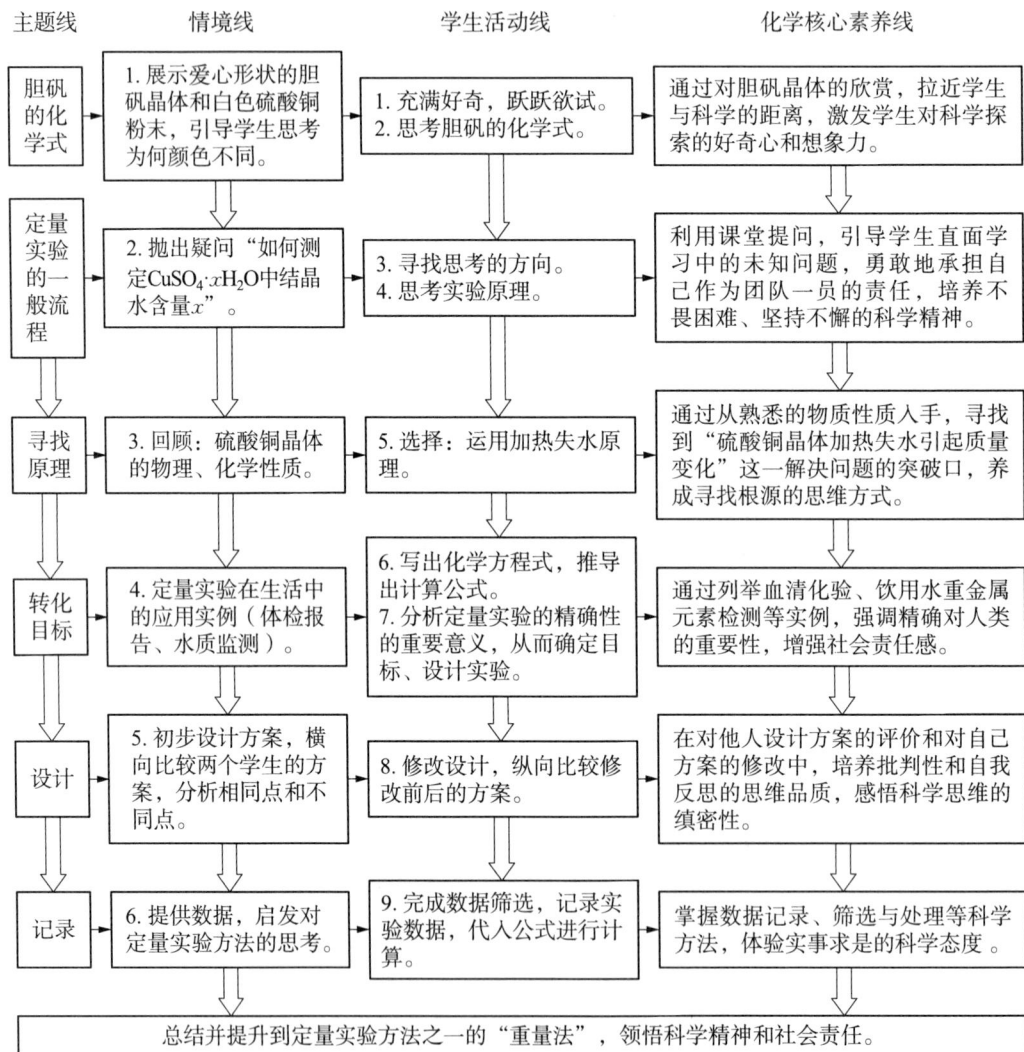

主题线	情境线	学生活动线	化学核心素养线
胆矾的化学式	1. 展示爱心形状的胆矾晶体和白色硫酸铜粉末，引导学生思考为何颜色不同。	1. 充满好奇，跃跃欲试。 2. 思考胆矾的化学式。	通过对胆矾晶体的欣赏，拉近学生与科学的距离，激发学生对科学探索的好奇心和想象力。
定量实验的一般流程	2. 抛出疑问"如何测定 $CuSO_4 \cdot xH_2O$ 中结晶水含量 x"。	3. 寻找思考的方向。 4. 思考实验原理。	利用课堂提问，引导学生直面学习中的未知问题，勇敢地承担自己作为团队一员的责任，培养不畏困难、坚持不懈的科学精神。
寻找原理	3. 回顾：硫酸铜晶体的物理、化学性质。	5. 选择：运用加热失水原理。	通过从熟悉的物质性质入手，寻找到"硫酸铜晶体加热失水引起质量变化"这一解决问题的突破口，养成寻找根源的思维方式。
转化目标	4. 定量实验在生活中的应用实例(体检报告、水质监测)。	6. 写出化学方程式，推导出计算公式。 7. 分析定量实验的精确性的重要意义，从而确定目标、设计实验。	通过列举血清化验、饮用水重金属元素检测等实例，强调精确对人类的重要性，增强社会责任感。
设计	5. 初步设计方案，横向比较两个学生的方案，分析相同点和不同点。	8. 修改设计，纵向比较修改前后的方案。	在对他人设计方案的评价和对自己方案的修改中，培养批判性和自我反思的思维品质，感悟科学思维的缜密性。
记录	6. 提供数据，启发对定量实验方法的思考。	9. 完成数据筛选，记录实验数据，代入公式进行计算。	掌握数据记录、筛选与处理等科学方法，体验实事求是的科学态度。

总结并提升到定量实验方法之一的"重量法"，领悟科学精神和社会责任。

图 6 - 2 教学流程

3. 教学过程

本节课中学生共经历了三个板块的学习内容。第一个板块，通过教师自制的有趣造型的胆矾晶体，激发学生探索科学的好奇心和想象力。第二个板块抛出疑问"如何测

定 $CuSO_4 \cdot xH_2O$ 中结晶水含量 x ",借助定量实验的一般流程,培养学生科学研究的一般思维和必备品格。第三个板块提炼定量实验方法之一的"重量法",以及科学精神和社会责任的重要性。

板块二中引导学生直面学习中的未知问题,勇敢地去承担自己作为学习小组团队一员的责任,同时培养不畏困难、坚持不懈的科学精神。之后,借助定量实验的一般流程,通过从熟悉的物质性质入手,寻找突破口,培养由现象到本质、由猜想到原理、抽丝剥茧、寻找根源的科学思维方式。接着转化目标,通过日常生活中定量实验的应用,如血清化验单中一些指标精确度可达 10^{-6} g/L,生活饮用水中微量元素、重金属元素的检测精确度可达 10^{-3} g/L,使得严谨的科学精神和强烈的社会责任感在学生的心中稳稳扎根。接着通过互相合作设计实验,并且横向比较同学之间设计的异同点,学习他人设计中的优点和亮点,找出他人和自己设计中的不足之处。在对方案的反思、纠错和修正中,培养学生的批判精神和自我反思、自我修正的思维品质,感悟科学思维的缜密性。最后教师提供一组实验数据,学生通过记录、分析异常值以及数据代入计算,体会真实记录科学实验数据的重要性,学会分辨异常值,重视异常值的原因分析,养成面对数据秉持客观和实事求是的科学精神。

至此,学生在教师创设的情境中巩固了高中阶段的定量实验方法,培养了面对困难、直面挑战的勇气,科学的逻辑思维方式,严谨细致的科学态度,实事求是的科学精神,以及对社会的强烈的责任感和使命感。同时学生也感受到化学进步带给世界的巨大贡献,从而树立不断地传承和发扬科学精神,探索更广阔化学世界的雄心。

4. 教学反思

1)借助生活中的化学,渗透科学发展的价值观和社会责任感

化学源自于生活,又应用于生活。很多化学现象在生活中得到发现、挖掘、研究和应用。本课中,首先呈现教师亲手制作的有趣造型的硫酸铜晶体,让学生产生对化学的强烈好奇心,从而激发动手实验的欲望。

在转化目标的过程中,教师提供了血清化验和水质监测对数据精确度的要求,让学生深深感受到科学实验数据的严谨性和精确性,领会到精确的定量实验对人类生命安全和科学技术发展的价值意义。

本课让学生感悟到化学就在我们身边,触手可及,同时也让学生体会到科技进步的重要性,从而激发努力学习、为提升国家科技水平的发展而不懈奋斗的社会责任感。

2)依托方案的设计,渗透科学的思维方式、批判精神以及和谐的竞争与合作态度

通过对硫酸铜晶体中结晶水含量测定的方案设计,体会科学研究的一般思维方式:发现问题、研究问题(假设与理论)和解决问题(实验与观察、分析与综合、演绎与归纳),由现象到本质,由猜想到原理,抽丝剥茧,寻找根源。

在对他人的方案进行异同点分析时,需要学生具有扎实的知识和批判思维,能敏锐地找出方案中存在的问题,大胆提出质疑。面对科学研究不仅要有严谨的科学态度,还要学会处理同学间竞争与合作的关系,找出问题促进共同成长和进步;同时也要积极面对自己方案中的不足,勇于修正错误,不断强化逻辑思维能力。

3)在数据处理中渗透实事求是的科学精神

科学研究容不得半点虚假,实事求是是我们重点培养的科学精神。每一个数据都是有价值的,也许跟你的预想不一致的数据却是开启另一个新领域的钥匙。在本课中,教师特地给学生提供了一组数据,其中有个别偏差较大的数据,这时就要考验学生是否有科学研究的敏锐度,能否第一时间发现异常数据,以及如何处理异常数据。学生通过数据的处理,领会求真务实的重要性。

总之,在化学教学中渗透科学精神和社会责任,有利于提升学生对化学学科的体验、探究和感悟。努力把学生培养成热爱科学、尊重科学和敬畏科学的人,是教育工作者的神圣使命。

（本教学案例研究由上海市进才中学南校金丽霞撰写）

四、专家点评

科学态度与社会责任是化学学科核心素养之一，具有丰富的教育内涵，是化学学科核心素养的价值立场，体现了中学生化学学习更高层面的价值追求。金丽霞、吴珏老师聚焦培养和发展学生的科学态度与社会责任，首先对中学化学教育在这一方面的作用进行了分析与思考，然后提出了六条教学策略，最后选取了教学实践中的典型课例——"氯化钠的性质复习""结晶水合物中结晶水含量的测定（第一课时）"，诠释了他们的思考与实践。

无论是吴老师以奉贤区制盐历史为背景，将关于氯化钠的复习与地域历史文化相结合，还是金老师引导学生联系熟悉的血清检验和水质监测数据，体会定量检测的精准性，两位教师都是在组织全体学生探究解决一系列问题的过程中实现教学目标，同时适时、无痕地展开科学态度与社会责任教育，值得大家学习和借鉴。

（上海市正高级教师、特级教师 叶佩玉）

第七章

聚焦化学学科核心素养的学习评价的思考与实践

　　化学学习评价是化学教学评价的重要组成部分,包括化学日常学习评价和化学学业成就评价,对于学生化学学科核心素养具有诊断和发展功能。《普通高中化学课程标准(2017 年版)》倡导教师要树立"素养为本"的化学学习评价观,紧紧围绕化学学科核心素养的发展水平和化学学业质量标准来确定化学学习评价目标,注重过程性评价和结果性评价的有机结合,灵活运用活动表现、纸笔测验、学习档案评价等多样化的评价方式,倡导学生自评、同伴互评与教师评价相结合,"教、学、评"一体化,充分发挥评价促进学生化学学科核心素养全面发展的功能。

一、研究背景与学习评价策略

1. 研究背景

评价是教学中的重要环节,贯穿于教学活动的全过程。实施有效的评价不但可以及时掌握学生的学习情况,提高学生学习的积极性,促进学生的全面发展,而且可以发展和谐的师生关系,为教师的教学提供重要的参考和帮助。在全面发展核心素养的背景下,科学合理的评价策略不仅使评价更加规范、结果更为客观,而且可以提高化学教学的质量,使"教、学、评"一体化,最终落实到学生核心素养的提升。传统的学习评价方法有测验、征答、观察提问、作业检查等,注重教师评价的唯一性和权威性,忽略了学生的自主意识。在新课标背景下,我们尝试在中学化学教学的学习评价中注重过程、师生共评:在评价主体上更加强调学生的自评;在评价功能上更加注重发挥评价的教育功能;在评价类型上更加重视实施形成性评价;在评价方法上更多采用相对评价法。师生共同制定学习评价指标,让学生明确学习的目的以及要达到的效果,从而有计划地安排自己的学习、进行自我诊断、不断改进和调整学习,而教师也能在评价中开展诊断、激励、调节、反思,对学生的导学和助学更有针对性,达到教学相长的效果。学生运用所学知识参与评价,在记录、说明、概况、论述等语言性活动过程中,以及思考、合作、沟通、判断、表现等实践性活动中对事物进行评价,在评价中提升学习素养,提高教学质效。

2. 学习评价策略——以评促教,发展素养

化学日常学习评价是化学教学不可或缺的有机组成部分,是化学学习评价的一种重要表现形式,是实施"教、学、评"一体化教学的重要链条。我们提倡在评价主体上打破教师一言堂,倡导师生共同进行评价;在评价方式上融入自评、互评与师评,过程性评价与终结性评价相结合;在评价指标上注重关注过程及结果中学科核心素养的提升,尝试探索学生与教师共同参与评价、过程性评价介入纸笔评价、学习评价的指标和在学业评价中的权重,从而更好地发挥评价的诊断、激励、调节和教学作用。

1）评价主体：打破教师一言堂,师生共同进行评价

师生共同参与评价,"自评 + 互评"相结合的评价方式,让教师和学生共同参与监督

和强化,能更好地发挥学生主体的积极性。通过互评,能引导学生认真倾听,学会思考评价,对学生的学习动机具有很大的激发作用,可以有效地推动课堂学习。

(1) 关注主体,多元评价。

教学评价可以让不同的利益主体人员参与,可以是学生的自评、同伴组员的互评,也可以是教师、课外辅导员、家长等相结合的评价。学生作为教学活动中最重要的参与者,对过程中出现的优缺点都有很强的体会,所以对自己的评价是中肯的;同伴组员、他组同学的互评,能较深入地指出教学活动各个环节及细节上的问题,所以评价也是客观的;而教师是教学活动的组织者和实施者,对教学活动的思考也最为深刻,提出的建议也是具有建设性的。在不同活动中,课外辅导员、家长也能成为教学评价的主体,这些主体来自不同阶层,代表不同的利益需求,因此会从不同的角度对教学活动进行评价,这也有助于教学本身的发展。

(2) 关注个体,差异评价。

由于多方面的因素,不同学生之间在知识的理解和掌握方面存在差异。在教学活动中,教师应该正确看待学生之间的差异,并进行有针对性的教学。在评价过程中,教师应该尊重学生之间的差异,做到公平、公正、客观评价。多元智能理论告诉我们,每个学生都是独立的个体,是独特的,是出色的。教师要对每个学生抱以积极、热切的期望,并乐于从多个角度观察、评价学生,积极寻找和发现学生身上的向上点,并发展学生的潜能。因此,要及时调整、优化评价策略。例如,"再探气体发生装置"一课中,对学生搭建的实验室制取氧气的发生装置的评价,有学生的自评、生生的互评、师生的互评,实现了评价主体的多元化,同时还关注到个体的差异性,选择合适的学生进行评价,共同促进全体学生的全面发展。实验课堂中的教学评价,要用好实验装置、实验现象、实验产品等证据,使生生、师生点评时做到有依有据,提升学生证据推理的学科核心素养。

2) 评价方式:注重过程,多样化评价

评价方式注重学习过程及学习结果的评价,过程性评价与终结性评价相结合,关注学生的动手能力、思维过程、感悟体验、团队合作,多样化、全面进行评价。

(1) 关注学习过程,注重全面评价。

对于学生的学习活动,教师应多采用过程性评价,除了评价学生知识技能的掌握情况外,更应该体现学生经历的学习过程、采用的学习方法、情感态度和价值观方面的变化;除了分级分项的定量评分,还要有个性化的定性评语;除了教师评价,还可以有学生自评、小组互评。通过多元化的评价,全面促进学生学科核心素养的发展。教师可在课前先确定评价标准,设计评价表格,优化评价方法,以提升评价质量。在不同的教学活动中,可以采用不同的评价标准,如学生发言、合作学习表现、实验操作、实验报告、小论文、总结反思等。评价的主体可以是学生本人、同组同学和教师等,由评价人给出评价的分数或者等级,最终进行综合评定。

(2) 关注评价方法,实施多样评价。

课堂评价包括两个部分,即语言评价与体态评价。语言评价是教师运用最多的评价学生行为表现的手段,主要分为对学生的表扬、赞同等肯定性评价,批评、警告等否定性评价。体态评价在教育活动中所起的作用是辅助性的,是配合语言行为的,这是教育艺术具有的独特功能。因此,在化学教学中,教师需要运用多样化的评价方法,激发学生化学学习的兴趣,帮助学生有效掌握化学知识,逐渐培养和发展学生的化学学科核心素养。

学生是学习的主体,自然也是学习评价的主体,所以在教学时教师要引导学生开展自评,帮助学生培养自我反思的能力,实现自我反思和提升。例如,"家用消毒剂漂白剂的制备研究"一课中,教师设计了《小组自评及评价互评表》《"家用消毒剂漂白剂的制备研究"项目化学习研究成果评价量表》两张评价量表,通过自评、师评、小组互评等多种方式从不同角度进行评价,检验学生的学习动机、学习过程及学习成效。在互评中,教师根据教学行为,选择合适的学生进行评价。评价时,学生既要肯定其他同学的优点,也要发现自身的不足之处。

过程性评价与终结性评价相结合,对教学效果进行评价,是对教学进行的严谨、科学的诊断,可以让教师更全面地了解教学各方面的情况,从而判断其质量和水平、成效和缺陷。

3) 评价指标:以学生为本,提升学科素养

教师要以课程标准对学业质量水平的描述为依据,分析学生的学情,从而制定每节课的学习评价指标,注重以学生为本、定性与定量相结合,制定符合学生实际的评价指标。

(1) 制定指标客观公正,符合学生实际。

教学评价是鼓励师生、促进教学的手段,因此教学评价应着眼于学生的学习进步和动态发展,着眼于教师的教学改进和能力提高,以调动师生的积极性,提高教学质量。评价指标要客观公正,测量的标准、方法、比例等都应该符合客观实际,不能仅凭教师主观臆断或个人情感,而是要根据实际教学情况和学生的学习情况与能力制定相应的评价指标。

学业质量是学生在完成本学科课程学习后的学业成就表现。学业质量标准是以本学科核心素养及其表现水平为主要维度(见表 7-1),结合课程内容,对学生学业成就表现的总体刻画。依据不同水平学业成就表现的关键特征,学业质量标准明确将学业质量划分为不同水平,并描述了不同水平学习结果的具体表现。

表7-1 《普通高中化学课程标准(2017年版,2020年修订)》对学业质量水平的描述

水平	质量描述
1	1-1 能根据物质组成和性质对物质进行分类,形成物质是由元素组成和化学变化中元素不变的观点;能运用原子结构模型说明典型金属和非金属元素的性质;能对常见物质(包括简单的有机化合物)及其变化进行描述和符号表征;能认识离子反应和氧化还原反应的本质,能结合实例书写离子方程式和氧化还原反应化学方程式;能说明常见物质的性质与应用的关系。 1-2 认识化学变化是有条件的,能说明化学变化中的质量关系和能量转化,能从物质的组成、构成微粒、主要性质等方面解释或说明化学变化的本质特征;认识物质的量在化学定量研究中的重要作用,能结合实验或生产、生活中的实际数据,并应用物质的量计算物质的组成和物质转化过程中的质量关系。 1-3 能依据化学问题解决的需要,选择常见的实验仪器、装置和试剂,完成简单的物质性质、物质制备、物质检验等实验;能与同伴合作进行实验探究,如实观察、记录实验现象,能根据实验现象形成初步结论。 1-4 具有安全意识,能将化学知识与生产、生活实际结合,能主动关心并参与有关的社会性议题的讨论,赞赏化学对人类生活和生产所作的贡献;能运用所学的化学知识和方法分析讨论生产、生活中简单的化学问题(如酸雨防治、环境保护、食品安全等),认识化学科学对社会可持续发展的贡献。
2	2-1 能从不同视角对典型的物质及其主要变化进行分类;能以原子结构视角说明元素的性质递变规律;能从构成物质的微粒、化学键、官能团等方面说明常见物质的主要性质,能分析物质性质与用途的关系。 2-2 能分析化学变化中能量吸收或释放的原因;认识化学变化的多样性和复杂性,能分析化学反应速率的主要影响因素;能设计物质转化的方案,能运用化学符号表征物质的转化,能说明化学变化的本质特征和变化规律;能应用质量守恒定律分析物质转化对资源利用的影响。 2-3 能通过实验探究物质的性质和变化规律,能提出有意义的实验探究问题,根据已有经验和资料作出预测和假设,能设计简单实验方案,能运用适当的方法控制反应条件并顺利完成实验;能收集和表述实验证据,基于实验事实得出结论。 2-4 能分析化学科学在开发利用自然资源、合成新物质、保护环境、保障人类健康、促进科技发展和社会文明等方面的价值和贡献;了解在化工生产中遵循"绿色化学"思想的重要性,能从化学视角理解食品安全、环境保护等法律法规,关注化学产品和技术在生产、生活中应用可能产生的负面影响。
3	3-1 能从组成、结构等方面认识无机化合物和有机化合物的多样性,能从物质的组成、性质、官能团、构成微粒和微粒间作用力等多个视角对物质进行分类;能说明物质的组成、官能团和微粒间作用力的差异对物质性质的影响;能从多个角度对化学反应进行分类,认识化学反应的本质;能采用模型、符号等多种方式对物质的结构及其变化进行综合表征。 3-2 能根据反应速率理论和化学平衡原理,说明影响化学反应速率和化学平衡的因素;能运用宏观、微观、符号等方式描述、说明物质转化的本质和规律;能定量分析化学变化的热效应,分析化学能与电能相互转化的原理及其在生产和生活中的应用;能根据解决问题的需要设计无机化合物转化与制备、典型有机化合物的组成结构检测与合成的方案;能分析评估物质转化过程对环境的影响。 3-3 能根据解决问题的需要提出实验探究课题;能设计实验方案探究物质和能量的转化、影响反应速率和化学平衡的因素、有机化合物的主要性质等;能选择合适的实验试剂和仪器装置,控制实验条件,安全、顺利地完成实验;能收集并用数据、图表等多种方式描述实验证据,能基于现象和数据进行分析推理得出合理结论。 3-4 能结合生产和生活实际问题情境说明化学变化中能量转化、调控反应条件等的重要应用,认识有机化合物转化和合成在社会经济可持续发展、提高生活质量等方面的重要贡献;能运用化学原理和方法解释或解决生产、生活中与化学相关的一些实际问题;具有对化学技术推广应用和化学品使用进行风险评估的意识,能分析化学品生产和应用过程对社会和环境可能发生的影响,能提出降低其负面影响的建议。

（续表）

水平	质量描述
4	4-1　能在物质及其变化的情境中,依据需要选择不同方法,从不同角度对物质及其变化进行分析和推断;能根据物质的类别、组成、微粒的结构、微粒间作用力等说明或预测物质的性质,评估所做说明或预测的合理性;能从宏观与微观、定性与定量等角度对物质变化中的能量转化进行分析和表征;能基于物质性质提出物质在生产、生活和科学技术等方面应用的建议和意见。 4-2　能从调控反应速率、提高反应转化率等方面综合分析反应的条件,提出有效控制反应条件的措施;能选择简明、合理的表征方式描述和说明化学变化的本质和规律,能根据化学反应原理预测物质转化的产物,确定检验所做预测的证据;能依据化学变化中能量转化的原理,提出利用化学变化实现能量储存和释放的有实用价值的建议;能基于"绿色化学"理念设计无机化合物制备和有机化合物合成的方案,并对方案进行评价和优化;能分析评估物质转化过程对环境和资源利用的影响。 4-3　能列举测定物质组成和结构的实验方法,能根据仪器分析的数据或图表推测简单物质的组成和结构;能在复杂的化学问题情境中提出有价值的实验探究课题,能设计有关物质转化、分离提纯、性质应用等的综合实验方案;能运用变量控制的方法探究并确定合适的反应条件,安全、顺利地完成实验;能用数据、图表、符号等描述实验证据并据此进行分析推理形成结论;能对实验方案、实验过程和实验结论进行评价,提出进一步探究的设想。 4-4　能说明化学科学发展在自然资源利用、材料合成、环境保护、保障人类健康、促进科学技术发展等方面的重要作用;能运用化学原理和方法对解决生产和生活中的热点问题提出创造性的建议,能对化学技术推广应用和化学品使用进行分析和风险评估;能依据"绿色化学"思想分析某些化学产品生产和应用存在的问题,提出处理或解决化学问题的方案。

　　例如,"家用消毒剂漂白剂的制备研究"一课中,教师根据学业水平指标中关于实验探究课题的评价要求,针对学生的实际情况,将家用消毒剂漂白剂制备实验的评价量表分解为实验方案、实验过程、实验报告、交流展示四个方面,每个方面再细化分解为三个指标,更有效地评价学生的学习过程和学习结果。比如,关于实验过程的评价指标细分为三个维度,包括:①实证性:研究过程真实,有图片、视频、数据记录、图表等证据,数据采集真实可信;②重现性:操作步骤和实验方案设计一致,至少有2—3次平行实验,减少实验偶然误差;③合作性:小组成员之间分工合理,人人动手,有讨论、有商议、有改进,合作研究氛围好。这样的评价指标,既对学生的实验过程有了倾向性指导,也让评价有据可依,学生操作起来也有的放矢。

　　(2) 整体把握评价指标,定性定量综合评价。

　　整体性原则是指在进行教学评价时,要对组成教学活动的各方面做多角度,全方位的评价,而不能一概而论。由于教学系统的复杂性和教学任务的多样化,使得教学质量往往从不同的侧面反映出来,表现为一个由多因素组成的综合体。因此,为了反映真实的教学效果,必须把定性评价和定量评价综合起来,使其相互参照,以求全面准确地判断、评价客体的实际效果。但同时要把握主次,区分轻重,抓住主要矛盾,确定教学质量的主导因素。

　　(3) 科学制定评价指标,注重思维创新发展。

　　评价指标要科学,要从教与学相统一的角度出发,以教学目标体系为依据,确定合理、统一的评价标准，认真编制、预试、修订评价工具。在评价指标中注重学生实践性、合作性、创新性能力的提升，不断鼓励学生质疑、协作、创新，激发学生思维碰撞和学科核心素养的提升。

例如，“家用消毒剂漂白剂的制备研究”一课中，对学生制备实验方案设计的评价指标中引入创新性指标：实验方法有创新或者仪器装置有改进。这样的评价指标由师生共同制定，引领学生在实验设计时有意识地进行创新和改进，通过小组合作的思维碰撞积极探究实验方案的改进，优化实验。

“再探气体发生装置”一课中，通过学生的思维碰撞，对已经学过的固液不加热型装置进行改进。有学生联想到纱布包，在这一想法的启发下，有同学参照生活中的速溶茶包，把固体装在一个网兜里，再用一个细线系住网兜，在橡皮塞上打空，通过拉动细线控制反应的发生和停止。课堂上，教师鼓励学生畅所欲言，积极表达自己的观点，并基于发展性要求，给出能帮助学生明确后续改进方向的评价。

(4) 成长记录全面评价，均衡学生素养发展。

坎贝尔等人指出，基于多元智能理论的教育评价应该是多元的，应注重学生不同的成长阶段。因此，在教学中可以设立“成长记录袋”，对学生一周、一月甚至是一年中学习情况进行多角度、多方式、全方位的评价，让学生通过适合其自身能力特点和学习习惯的途径来展示自我的能力，提高核心素养。“成长记录袋”记录了学生的过程性学习内容，教师可以从学生的学习过程和展示活动中获取与学生学习相关的信息和资料。开始建立时，教师要了解学生对化学学科的态度和原有知识、技能，如可以收集有关学习兴趣、态度、习惯的表格，以了解学生学习情况。“成长记录袋”启用后，可以把学生小组评价表等资料收录其中，为最后一学期总结性评价提供参考依据。“成长记录袋”可以让学生和教师一起浏览，回顾学生所取得的点滴进步和成绩，使学生明确自己的优缺点，调整自己的学习策略、方法等。

每节课课堂教学中的学习评价，代表了学生平时学习的过程性情况，那么这个评价在学生一学期、一学年化学学习占怎样的权重比较合适？我们初步进行了研究和尝试，将过程性评价整合为四个维度——课堂表现、自主学习、作业情况、总结反思(见图 7－1)，

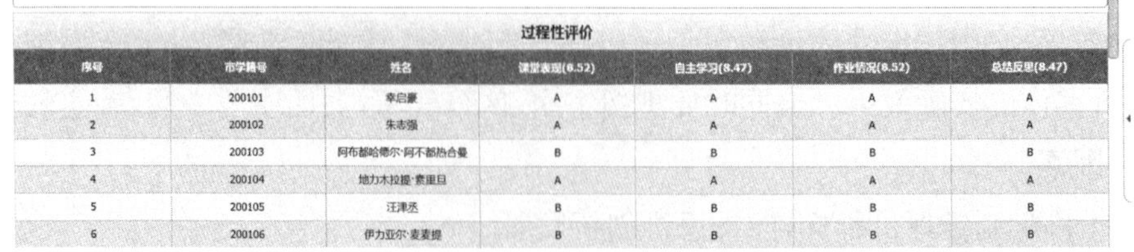
631：学习素养数据录入

查询条件

学期：2020学年度第一学期 年级 高中一年级 班级 1 学科 化学 走班 数据批量导入 默认评价B

过程性评价

序号	市学籍号	姓名	课堂表现(8.52)	自主学习(8.47)	作业情况(8.52)	总结反思(8.47)
1	200101	幸启豪	A	A	A	A
2	200102	朱志强	A	A	A	A
3	200103	阿布都哈德尔·阿不都热合曼	B	B	B	B
4	200104	地力木拉提·赛里旦	A	A	A	A
5	200105	汪津丞	B	B	B	B
6	200106	伊力亚尔·麦麦提	B	B	B	B

图 7－1　学生学习素养的过程性评价

每个学期进行一次教师评价,权重为学期末化学学科总成绩的40%,以此提高学生平时学习的积极性和自主性,促进学生全面均衡发展,提高学生的化学学科核心素养。

　　总之,全面客观的学习评价不仅能评估学生的学习状态、学习效果,而且能帮助学生寻找学习的困难、失败的原因、后续努力的方向。教师和学生可以根据评价发出的反馈信息,修订计划,调整教与学的行为。当然,学习评价只是学业评价的一部分,其评价的指标和在学业评价中的权重还有待研究。评价本身也是一种教学活动,在这个活动中,学生的知识、能力和学科核心素养将获得提升,智力和品德也有所发展。教师要在化学教学与评价中紧紧围绕发展学生化学学科核心素养这一主旨,优化教学过程,有效提高教学质量,关注学习过程,运用多样的评价方法对学生进行全面多元评价。同时还要关注学生个体的差异性,认真分析每一个学生的成长动态,对教学作出科学合理的调整,发展素质教育,落实立德树人根本任务。

二、"家用消毒剂漂白剂的制备研究"教学设计及评价

项目化学习源自杜威"做中学"的教育思想,强调挑战性问题的解决,以学习者为中心,注重实践性和参与性,评价中注重过程性评价与终结性评价相结合。项目化学习为教师改善学生学习方式、培养学生学科核心素养提供了一种新的教学模式。

1. 问题提出

夏雪梅博士指出:"学生对与学科或跨学科有关的驱动性问题进行深入持续的探索,在调动所有知识、能力、品质等创造性地解决问题,形成核心知识,能够在新情境中进行迁移,即项目化学习。"高一化学项目"家用消毒剂漂白剂的制备研究"以制备实验为载体,指向具有概念性质的核心知识含氯消毒剂,主要应用调查实践、探究性实践、调控性实践和技术性实践等学习方式,让学生经历有意义的学习实践历程,体验"提出问题—分析问题—解决问题"的科学研究方法,提升学科核心素养。

2. 教学设计及评价

项目化学习设计要指向学科核心知识,形成驱动性问题,澄清高阶认知策略,确认主要的学习实践,明确学习成果及公开方式,设计覆盖全过程的评价。

1)教材分析

本项目是沪科版《化学》高一第一学期第二章《开发海水中的卤素资源》的单元项目化学习研究——家用消毒剂的制备研究。本单元元素化合物知识与生活、生产紧密联系,次氯酸及其盐可用于水的消毒这一知识,为教学提供了很好的在生活化情境中进行学生综合能力培养、提高学科核心素养的素材。

2)学情分析

学生初次接触元素化合物知识,通过前期氯及其化合物的性质、氧化还原反应原理的学习,对氯气、次氯酸、次氯酸钙、次氯酸钠的性质及制备和氧化还原反应的原理有了一定的认识,积累了一定的实验知识和能力,但实验方案设计与分析评价能力较弱。

3)课时安排

本次项目化学习分为四个课时,每个课时为 40 分钟,分别为入项活动(原理学习与

调查研究)、方案交流(设计实验方案并交流完善)、实验研究(小组合作,制备含氯消毒剂)和展示交流,主要是在问题情境中进行各种知识的综合应用来解决问题。另外,每个课时会布置相应的课外研究作业,作为学习成果进行提交或者展示。具体如表 7-2 所示。

表 7-2

课时	研究任务	教学内容	学习成果
1	入项活动	1. 导引:以驱动性问题布置项目化学习任务。 2. 原理学习:氯气及次氯酸盐的性质及制备原理。	调查成果、实验方案、汇报 PPT
2	方案交流	1. 小组交流超市调研成果。 2. 小组交流、研讨、修订完善实验方案。	实验方案
3	实验研究	小组合作研究制备一种含氯消毒剂。	实验报告、汇报 PPT
4	展示交流	小组交流展示研究成果。	项目研究报告

4) 分析学科核心知识,明确项目学习目标

通过教材和学情分析,确定本单元项目化学习的核心知识、关键能力及高阶认知策略,明确学习任务。

(1) 核心知识。

- 了解常见的家用消毒剂;
- 理解氯气、次氯酸钙、次氯酸钠、次氯酸的性质;
- 理解次氯酸钙、次氯酸钠、次氯酸等含氯消毒剂制备的原理;
- 体会化学与生活、生产的紧密联系,培养科学探究精神和环保意识。

(2) 关键能力。

- 调查分析、交流展示、撰写论文、演讲的能力;
- 根据制备原理设计实验方案的能力;
- 实验观察、动手、反思的能力;
- 运用定量思想探究实验条件、优化制备条件的能力。

(3) 高阶认知策略。

本项目涉及的高阶认知策略包括问题解决、系统分析、实验、调研等,能训练学生的高阶思维和综合素养。

5) 教学过程

(1) 创设生活化驱动性问题,激发学生研究兴趣。

结合真实生活情境,设计趣味性问题,激发学生兴趣,引发学生深入思考,并以此引导学生主动投入项目化学习。

【案例1】设计开放性生活化问题,驱动学生研究家用消毒剂漂白剂

生活中有很多消毒剂、漂白剂,不同消毒剂成分不同、使用方法不同、适用条件也不同。由此设计了项目驱动性问题,让学生帮助小明去超市调研,并由此开启制备实验的研究。

【驱动性问题】小明家的部分日用品用完了,爸爸需要消毒马桶,妈妈需要消毒水果蔬菜,小明需要擦除作业本上的笔迹。请给出购买建议,或者帮助小明家自制一种家用消毒剂。

案例说明:驱动性问题涉及小明一家的不同需求,学生带着任务进入超市或网络进行调研,研究不同类别的家用消毒剂的成分、适用条件及使用方法,为下阶段研究提供材料。

项目化学习的驱动性问题设计对后续研究具有启发意义,是项目化学习贯穿始终的研究线索。设计具有一定开放性的生活化驱动性问题,给学生提供多维度探索空间,能激起学生的好奇心,促使学生分析问题,在解决问题的过程中主动探究相关的化学知识。

(2) 组建小组合作学习,共同探究完成项目任务。

小组合作学习就是以合作学习小组为基本形式,系统利用教学中动态因素之间的互动,促进学生的学习,以团体的成绩为评价标准,共同达成教学目标的教学活动。项目化学习的研究任务具有一定的挑战性,我们尝试组建小组,开展合作学习研究。

① 按照兴趣同质分组,组建小组自主研究。

首先进行小组分组。根据学生综合学习能力和素养,分为 A、B、C 三个档次,由 A 档学生担任小组组长,然后 B 档学生、C 档学生自主选择组长组建小组,尽量实现平均分配,每组一般 6 人。然后,由组长与组员进行协商,选定项目化学习的研究主题,安排计划、分工。组员主要与学习同伴一起共同学习、查阅资料、分析讨论、探究展示。遇到解决不了的问题,再与教师一起探讨解决。因此,组长的协调组织和成员间的合作互助都显得尤为重要,要让大家体验合作学习、共聚集体智慧。

② 走进超市调研取证,培养调查分析能力。

化学与生活生产息息相关,调查研究的学习方式可以让学生将化学知识与生活相联系,更好地学会用化学知识为生活服务。

【案例2】超市调研消毒剂,研究组成有新招

"家用消毒剂漂白剂的制备研究"项目化学习的第一个学习任务是调查研究。学生利用周末,带着驱动性问题的学习任务,走进超市或者搜索购物网站进行调查,寻找小明一家需要的家用消毒剂漂白剂,对商品进行拍照或者截图,了解其主要成分,分析其漂白消毒原理,解决"是什么(组成)、为什么(性质)"的问题,为下一步制备家用消毒剂漂白剂奠定基础。小组成员之间进行交流沟通,根据小组成员兴趣和能力选定需要制

备的目标物质。

评价方式说明：学生自评与汇报互评相结合。每个学生自主进行调查，并填写调查表格；然后在小组内对调研结果进行交流，每组汇总后选派一位代表进行汇报。学生的汇报反映了学生的表达、仪态、倾听、评述和思考，对提高学生的学科素养有促进作用。

③ 设计优化实验方案，合作研究初显成效。

学生发现常见家用消毒剂中有含氯消毒剂，与正在学习的卤素知识不谋而合。于是，学生萌发了制备含氯消毒剂的想法，并以小组为单位，选取其中一种含氯消毒剂进行制备实验的方案设计。教师有意识地启发引导学生根据制备原理，设计常规实验装置、改进生活化实验装置、探究微型实验装置。学生兴致勃勃地查阅资料，进行调查和实验方案设计，开展初步的创新实验研究。

【案例3】微型化生活化实验方案设计，制备家用消毒剂显神通

第二课时，学生分享前期调研成果及实验方案，充分进行思维碰撞，共同讨论了多种实验方案的可行性和操作方法，对实验装置、操作步骤进行了细化和改进，从而确定了可操作的实验方案。

第三课时，学生依据实验方案进行装置改进、搭建，动手制备漂粉精、84消毒液、次氯酸等物质。在实验中，学生不断发现新的问题，包括操作中的细节问题、实验药品的用量问题、装置的设计问题等，体验了理论设计与实际操作的差异，认真进行记录、分析、反思及改进，并从定量角度初步开展了对制备条件的分析和优化选择。

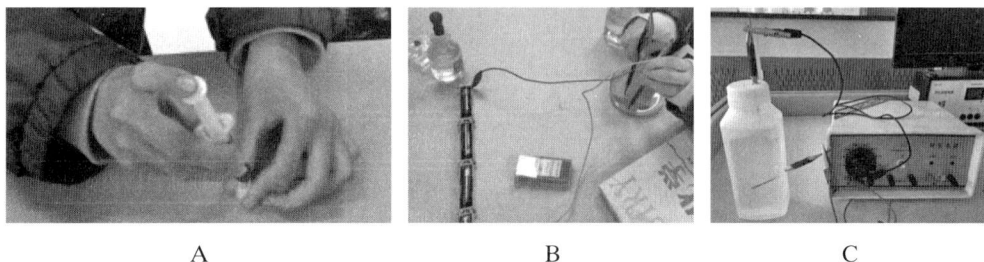

图 7-2　含氯消毒剂的制备

A.微型实验制备漂粉精；B.微型实验制备次氯酸；C.生活化实验制备84消毒液

学生开展的制备实验具有微型化和生活化的特点，图7-2-A、图7-2-B都是利用改进后的微型实验来制备含氯消毒剂，图7-2-C是利用生活中的仪器和药品电解饱和食盐水来制备84消毒液，与常规实验相比，更为环保、安全，学生兴趣浓厚。

小组自评及互评项目如表 7-3 所示。

表 7-3 小组自评及互评表

班级_____ 组别_____ 组长_____ 组员_____

【小组分工】研究小组成员分工

人员分工	姓名	需完成任务	完成情况	
			自评 (1—5分)	互评 (组长评价) (1—5分)
实验记录员（文本及拍照、摄影）		真实记录实验现象、数据,拍照,录像。		
实验操作员		动手搭建装置,进行实验操作。		
实验分析员		分析实验现象及数据,得出实验结论。		
实验报告撰写者		撰写实验报告及相关文本。		
PPT 制作者		制作汇报用的 PPT、剪辑视频等。		
汇报人员		代表小组进行展示汇报。		
观察评价员		观察各组展示汇报情况,并进行分析评价。		

【观察员评析】

评价方式说明：制定评价量表,学生自评与组长评价相结合。评价量表侧重每个学生的分工工作完成情况和团队合作研究情况,注重学生的动手能力、观察能力和合作学习能力。组长对每个组员的评价,既提高了组长的领导和观察能力,也激发了每个组员学习的积极性,而个别以前滥竽充数的学生也因为有了同伴的督促评价而有了改变,改变了偷懒的学习习惯,人人都积极投入小组的项目化合作学习。

④ 制作 PPT 报告,分享项目研究成果。

第四课时,按照"是什么、为什么、怎么做、怎么用"的知识主线,通过小组交流含氯消毒剂的制备研究成果,指向具有概念性质的核心知识,引导学生研究物质的组成、性质、制法及用途,探究次氯酸钙、次氯酸钠、次氯酸的制备方法及分类使用,体会"性质决定用途"的学科思想。每个小组制作了精美的 PPT 课件,撰写了项目化学习研究报告,依次登台分享自己小组的研究成果,在展示交流及反思讨论中体验"提出问题—分析问题—解决问题"的科学研究方法。该项目评价量表如表7-4所示。

表7-4　"家用消毒剂漂白剂的制备研究"项目化学习研究成果评价量表

班级_____　组别_____　项目研究小组组员_____　评价人_____

评价指标	表现标准	分值	表现水平							
			自评	师评	互评					
					小组1	小组2	小组3	小组4	小组5	小组6
	……									
实验报告	科学性:实验数据分析处理合理,误差分析有依据。	10								
	真实性:实验数据分析真实。	10								
	反思性:反思实验,查阅资料分析问题,提出减小实验误差、改进实验的切实可行的措施。	5								
交流展示	真实性:实验成果汇报真实。	10								
	条理性:实验成果汇报条理清楚,讲解逻辑思维严密。	10								
	完整性:实验成果汇报完整。	5								
总　分		100								
评价体会										

说明:对照评价量表的标准,按照符合程度进行表现水平评价。

评价方式说明:制定评价量表,学生自评、学生观察员评述与教师评价相结合。评价量表指标包括过程性评价和终结性评价,各占50%。汇报的学生精心准备、提前演练汇报过程、集全组之力共同打造小组研究成果,这种评价方式学生紧紧地拧成一股绳,提高了学生的研究能力。在每个小组进行学习成果汇报时,其他小组的学生都认真听讲,特别是观察员,要对汇报成果进行现场评述,就要设身处地对该项目进行思考。这种互评方式,让学生更关注学习过程而不仅仅是一个结果,并养成倾听的好习惯。

在本项目中,学生研究成果包括个人研究成果(调查成果+实验报告)和集体研究成果(展示PPT+项目化学习报告),在评价时既要对成果进行评价,也要对研究过程中每个成员的表现进行过程性评价,鼓励学生更好地投入每个环节的研究学习,从而更好地发挥个人在集体研究学习中的作用和积极性。

3. 学习评价反思：多维度过程性评价，提升学生学科素养

美国巴克教育研究所在《项目学习教师指南——21世纪的中学教学法》中指出，项目学习中的评价包括评价学生的高阶思维和必要技能，评价学生做出高品质作品的工作，还要能够评价学生所采用的学习方法及学习表现，学习表现主要包括团队协作、人际沟通、问题解决、团队活动等。项目化学习强调"做中学"，学生在学习研究过程中的收获和体会尤为重要，因此，对学生的评价也非常注重过程性评价。

1）改善学生学习方式的项目化学习成效及反思

本项目是基于化学核心知识的项目化学习设计，课堂教学中充分体现了学生的能动性和主体作用，学生课堂上展现了充分的自信。驱动性问题、探究性问题目标指向明确，微型化、生活化实验设计具有一定的创新性。

基于对学生的过程性评价和指导，本项目分4课时完成，实施效果较为理想。学生6人一组团队合作，设计实验方案并动手实验，进行家用消毒剂漂白剂的制备研究，撰写制备实验报告，在实验研究中提高了观察分析、动手能力和团队合作意识。同时，通过分享和互评环节，小组代表分享实验研究过程中的经验、成果与不足，学习他人经验，并反思实验过程中遇到的问题和解决措施，对实验方案的改进进行交流。每个分享者既自信又自省，肯定自我、完善自我。学生针对评价量表中的标准，对每个小组的实验方案、实验过程、实验结果、实验汇报等进行量化评价，提高了观察、表达和评价能力。对于自己未尝试的实验，也能认真了解、仔细思考提问和评价。

2）自评与互评相结合，以评促学提升素养

为了提高合作学习的效率，调动组内每个学生的参与积极性，教师精心设计了合作学习评价量表，让组员自我评价与组长互评相结合，对每个成员在小组合作研究中的表现进行评价。这样每个学生都能明确自己的分工定位，组长的协调管理能力也得到锻炼。同时，每组还有一位观察员，作为"小老师"，将代表小组进行客观公正的观察评述，观察能力、现场点评能力和语言表达能力都得到锻炼。学生在项目化学习中的分工采用"自荐＋组长协调"的方式确定，根据需要和实际情况可以调整、轮换，可以一人兼任两项任务，也可以两人合作共同完成某项任务。特别是学生观察员，作为每个小组的学生评论代表，要认真倾听、公正评价自己小组和其他小组的研究情况，要求较高，学生可轮流任观察员，其他同学也可以帮助观察员进行补充评价。

3）过程性与终结性评价相结合，以评促教综合发展

为了调动学生在项目化学习各个环节的学习积极性，将"家用消毒剂漂白剂的制备研究"项目化学习研究成果评价（见表7－4）分为过程性评价（包括实验方案、实验过程）和终结性评价（包括实验报告、交流展示），各占50%。评价指标涉及科学性、可行性、创新性、实证性、重现性、合作性、真实性、反思性、条理性、完整性等方面。教师及时了解

每个项目小组的学习情况,引导学生寻找合适的方法完成项目任务。同时,每个小组的项目化学习成果采用自评、互评及教师评价相结合的方式(分别占 30%、30%、40%),充分体现学生的自主评价,调动学生参与的积极性。教师、学生分别对照评价量表的标准,按照符合程度进行表现水平评价,从而综合衡量学生在项目化学习中的表现和成绩。

本项目的评价设计指向学习目标,注重学习过程性考察及成果评价相结合,督促学生全身心投入学习过程的每一环节。同时学生也能够依据评价的结果有效地反思整个项目化学习过程中存在的不足,并加以改进,从而促进"教、学、评"一体化发展,提升化学素养。

4）存在问题及改进

由于学生水平和能力参差不齐,参与评价的热情和能力也存在很大差异,如何调动每个学生的积极性、如何在小组合作研究中分层还有待研究,学生的分工是否合理、学生评价角色的确定和轮换是否科学,都还需要教师去探究。

教师需要不断改进教学方式,进一步更新理念,勇于放手将课堂还给学生,指导学生开展项目化学习,同时给予学生及时指导与适当反馈,鼓励每一个学生的成长和进步;对学生自主探究中遇到的问题及时进行疏导,引导学生查阅资料进行探究,充分调动学生的能动性和自主性。教师还需要进一步改进学生的学习方式,倡导合作学习、探究学习与项目化学习的融合,例如,针对学生的层次进行分组,分配不同的项目化学习任务,关注每个学生在学习小组中的作用,让每一个学生都充分参与,让每个层次的学生都能发挥所长、有所收获。

总之,通过"家用消毒剂漂白剂的制备研究"项目化学习,学生相互指导、相互讨论、相互质疑,在综合应用知识中促进对含氯消毒剂漂白剂的认识。整个学习过程中不断体现出高阶思维的特性,学生的思辨能力、实验能力、表达能力等素养都得到了有效培养,在实践中领悟实验研究的真谛。教师要相信学生,大胆把课堂交给学生,让学生带着驱动性问题主动学习实践,让学生参与评价,注重过程性、多维度评价,让学生在项目化学习中充分动手动脑、思考探究、合作创新,在情境应用、问题解决中更好地提升学生的化学学科核心素养。

（本教学案例研究由上海市奉贤中学张莉撰写）

三、"再探气体发生装置"教学设计及评价

1. 问题的提出

张慧群主编的《学科核心素养与学科课程群》一书中指出："着力培养初中化学学科宏微结合、分类表征、变化守恒、模型认知、实验探究、绿色运用的核心素养。"根据构建主义理论、发展学习理论和认知学习理论,课堂教学的核心是对学生思维能力的培养和学习方法的指导,学生应始终处于主动探索、主动构建的认知主体位置。所以课堂上要让学生自主地参与知识的获得过程,在自主、合作、探究中学习,并充分表达自己的想法。

如何体现核心素养的要求,体现课程改革的思想,是每个教师面临的重大课题,而改革课堂教学评价,在化学课堂中构建科学的、合理的、具有化学学科特色的教学评价,建立有效的评价机制,是课程改革的核心问题和重要环节之一,因为评价往往对改革起着导向作用、促进或制约作用。为此,研究和探讨与学校教学和学生学习紧密相关的课堂教学评价,对于推动当前基础教育改革有重大的理论和现实意义。本文以"再探气体发生装置"为例,从培养学生核心素养的视角出发,尝试在初中化学课堂中改进化学课堂评价。

2. 设计思想

1）教材分析

（1）教材的内容、地位和作用。

本节课是沪教版《化学》九年级第一学期第二章第二节的内容,在第四章第三节中也有所涉及。本课是在学习了实验室制取氧气有关知识的基础上,引导学生进一步对气体发生装置进行探究,深化实验室制取气体的发生装置的知识。因此,本节内容无论是对学生建立实验观和创新意识,还是培养学生的学科核心素养,都是初中化学教学中非常重要的内容。

（2）教材内容的处理。

本节课是对沪教版《化学》九年级第一学期第二章第二节"神气的氧气"中"怎样得到氧气"和第四章第三节"二氧化碳的实验室制法"的综合处理。第二章学习的氧气发生装置,与第三章内容并没有直接联系,而与第四章中二氧化碳的实验室制法有着非常

紧密的联系。教材第119页直接给出启普发生器装置,对学生来说只是知识的记忆,而如果在第二章的学习过程中对固液不加热型发生装置进行适当的引导,学生很容易能得出控制反应发生和停止的气体发生装置,这为第四章引出启普发生器起到重要的铺垫作用。

（3）有关单元设计的思考。

根据教材安排,我们将本单元设计分为五个部分,如表7-5所示:

表7-5

单元 主题	主题来源	学习内容	课时
神奇的 氧气	☑ 教材章节 ☐ 课标主题 ☐ 问题解决 ☐ 专项能力	氧气的物理性质与化学性质、氧化物、化合反应、氧气的用途。	1
		氯酸钾制氧气。	1
		过氧化氢制氧气、氧气的工业制法、分解反应、多功能瓶。	1
		再探气体发生装置。	1
		学生实验——用氯酸钾制取氧气、物质在氧气中燃烧。	1

2）学情分析

（1）学生认知特点。

对于刚进入初三的学生来说,对化学有较强的求知欲,喜欢新事物、喜欢动手实验、能够参与课堂活动。

（2）学生知识储备。

学生刚进入九年级,化学知识储备十分有限。从知识基础角度来说,本节课之前学生已经学习了常见仪器的功能和使用,并具有一定的操作技能,学习了氧气的性质及制法,为本节课的学习奠定了基础。

（3）学生能力基础。

从能力基础角度来说,这个阶段学生有一定的实验观察能力、动手能力和分析能力,但还不成熟。建构主义主张以自身原有的知识经验为生长点,主动构建陌生的知识。本课在学生已学过的气体发生装置基础上,引导学生构建能控制反应发生和停止的气体发生装置。

3）教学流程

教学流程如图7-3所示。

3. 教学过程

片段1：实验室制取氧气发生装置的搭建

【教师】我们知道的气体有哪些？到目前为止,你能在实验室里制取什么气体?

教学环节　　　　　　　　　学生活动　　　　　　　　　化学素养

```
环节一
引入课题  →  【看一看】观看多媒体。  →  科学态度与社会责任
   ↓
           【说一说】回顾实验室制取氧气的
           原理。
           【搭一搭】自主搭建实验室制取氧
环节二      气的发生装置。（生生互评）       →  证据推理与模型认知
问题提出    小结：选择气体发生装置的依据。
           【练一练】选择合适的气体发生装
           置。
   ↓
           【议一议】如何使反应停止？（师
           生、生生评价）
环节三      方法一：        方法二：
问题探究    取出固体。      移出液体。         →  实验探究与创新意识

           【拓展阅读】阅读启普发生器的
           资料。
   ↓
环节四
结束新课  →  课堂小结和作业布置  →  科学态度与社会责任
```

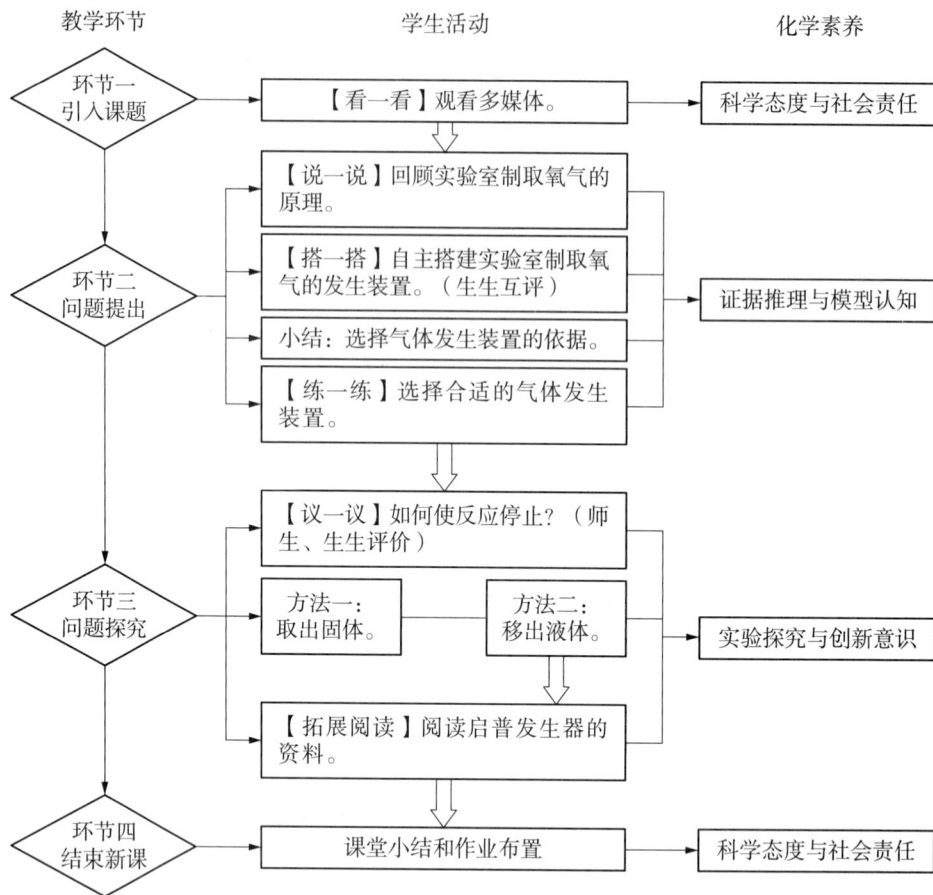

图 7-3　教学流程

【学生】氧气。

【教师】谁能说一说实验室制取氧气的原理？

【学生】氯酸钾在二氧化锰催化和加热条件下生成氧气和氯化钾。

【学生】过氧化氢在二氧化锰催化条件下生成氧气和水。

【教师】同学们对已经学过的知识都掌握得非常好。接下来，请同学们利用实验盒中所给的仪器，搭建一套实验室制取氧气的发生装置。

【教师】PPT 展示（见图 7-4）。

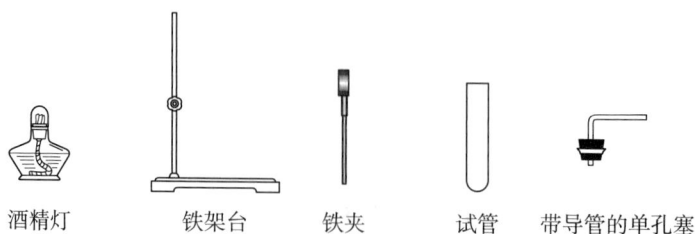

酒精灯　　　　铁架台　　　　铁夹　　　　试管　　　带导管的单孔塞

图 7-4　实验盒中所给仪器

【学生】两位同学一组,任意搭建实验室制取氧气的发生装置,典型装置如图 7-5 所示。

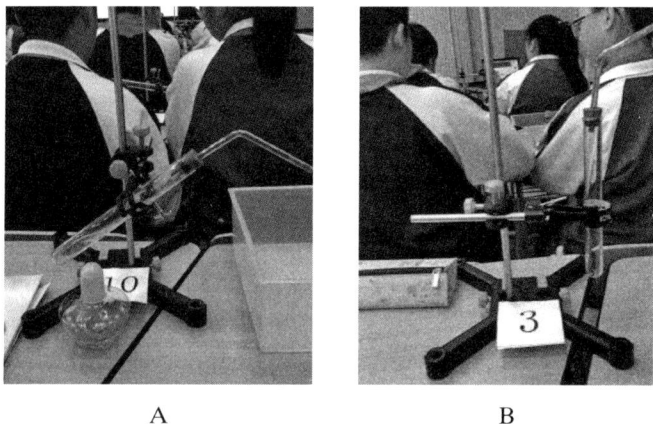

图 7-5　学生搭建的实验室制取氧气的发生装置

【教师】我们分别请第 10 组和第 3 组同学来介绍一下你们是用什么原理制取氧气的。再请其他同学来评价一下第 10 组同学(图 7-5A)和第 3 组同学(图 7-5B)搭建的装置。

【学生】(第 10 组同学)我们搭建的是用氯酸钾来制取氧气的发生装置。

【学生】第 10 组同学搭建的装置有错误,因为氯酸钾和二氧化锰都是固体,为了防止水倒流引起试管破裂,所以试管口要略向下。

【学生】我发现还有一个错误,铁夹要夹在距试管口 1/3 处,而他们夹在试管的中部。

【学生】(第 3 组同学)我们搭建的是过氧化氢制取氧气的发生装置。

【学生】第 3 组同学搭建的装置正确。因为过氧化氢是液体,所以装置的试管口向上。

【教师】同学们观察得很仔细,点评也很有自己的想法。

【设计意图】在以往的课堂教学中,评价的主体是以教师为主,本节课中,通过生生互评、师生互评,实现评价主体的多元化,共同促进学生的全面发展。学生是学习的主体,自然也应是教学评价的主体,所以在教学时教师要引导学生开展自评,培养自我反思能力,实现自我反思和提升。在互评中,教师要根据教学行为及时调整,选择合适的学生进行评价。学生评价时,既要肯定其他同学的优点,也要发现自身的不足之处。实验课堂中的教学评价,要利用好实验装置、实验现象、实验产品等证据,使生生、师生点评时做到有依有据,提升学生证据推理的学科核心素养。

片段 2：设计简易能控制反应发生和停止的装置

【教师】如何使图 7-6 装置中的反应停止?

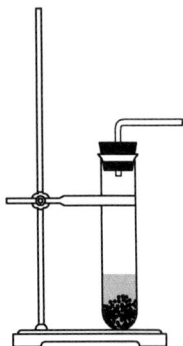

图 7-6　固液不加热型气体发生装置

【学生】可以把固体取出。

【学生】可以把液体倒出来。

【教师】无论是把固体取出来,还是把液体倒出来,它们共同的原理是——

【学生】固液分离。

【教师】总结得很到位。接下来,请同学们讨论一下如何取出固体,或如何移出液体。

【学生】用镊子把固体夹出来。

【学生】这种方法不可行,用镊子的话就需要打开橡皮塞。

【教师】很好,同学们发现了问题,那如何改进呢? 最好不用打开橡皮塞,而需要停止反应的时候又可以把固体和液体分开。

【学生】可以用生活中茶包的方法,把固体装入一个网兜里,再用一个细线系住网兜,在橡皮塞上打孔,通过拉动细线,使装有固体的网兜浸入或移出液体,从而控制反应的发生和停止。

【教师】这位同学能联系生活中的事例来改进气体的发生装置(见图 7-7),为他的金点子鼓掌。对于这位同学设计的这套装置,是不是所有的固体和液体的反应都能用这套装置呢?

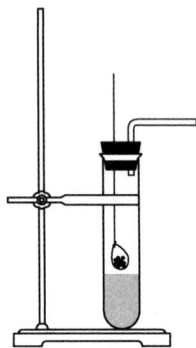

图 7-7

【学生】不是。如果颗粒太小的话,就会从网兜里掉到试管中,那么固体和液体始终接触,就无法起到控制反应停止的作用。

【教师】对于如图 7-7 的装置,我们要控制反应的发生和停止的话,对于固体有什么要求?

【学生】要求是块状的固体。

【学生】那对于网兜和线有要求吗?

【教师】同学们从刚才对固体状态的要求联想到对网兜和线是否有要求。谁能说说看?

【学生】网兜和线不能与液体反应。

【设计意图】教师在进行评价时,要抓住课堂上学生的发展性状态进行评价。九年级的孩子处于思维活跃时期,他们会不断产生新的问题,这就要求教师在上课时多倾听学生的奇思妙想,鼓励学生畅所欲言、积极表达自己的观点,并基于他们的发展性状态,给出能帮助学生明确后续改进方向的评价。及时有效的教学评价可以促使学生不断积累化学学科知识,提升化学学习能力,落实学科核心素养。

片段 3:实践性作业

"你告诉我,我可能会忘记,你让我看,我可能会记住,你让我参与,我就能理解和发现。"通过一节课的学习,学生对能控制反应发生和停止的装置有了一定的了解,应如何在课后进一步延伸？本课除了课内小练习外,教师还布置了一个长周期的实践性作业:4个同学为一小组,用所给用品(见图7-8)组装一套能控制反应发生和停止的气体发生装置。

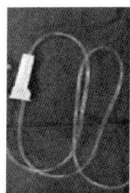　　　

全新一次性输液器　　　橡皮塞　　　小塑料瓶　　　大塑料瓶

图7-8　实验所给用品

该项目自评、互评内容如表7-6、表7-7所示。

表7-6　"组装一套能控制反应发生和停止的气体发生装置"自评表

评价人:_____　班级:_____　时间:_____

实验设计		实验成果		分享交流	
实验目的模糊,装置设计有误。	☆	实验装置不完整。	☆	按时完成实验作品。	☆
实验目的明确,装置设计基本正确。	☆☆	实验装置完整,但存在漏气情况。	☆☆	按时完成实验作品,并且自评、互评恰当。	☆☆
实验目的明确,装置设计正确、严谨。	☆☆☆	实验装置完整,装置气密性好。	☆☆☆	按时完成实验作品,并且评价有独立见解。	☆☆☆
你的评价		你的评价		你的评价	
教师评价		教师评价		教师评价	

表7-7　"组装一套能控制反应发生和停止的气体发生装置"互评表

评价人:_____　被评价人:_____　时间:_____

实验设计		实验成果		分享交流	
实验目的模糊,装置设计有误。	☆	实验装置不完整。	☆	按时完成实验作品。	☆
实验目的明确,装置设计基本正确。	☆☆	实验装置完整,但存在漏气情况。	☆☆	按时完成实验作品,并且自评、互评恰当。	☆☆
实验目的明确,装置设计正确、严谨。	☆☆☆	实验装置完整,装置气密性好。	☆☆☆	按时完成实验作品,并且评价有独立见解。	☆☆☆
你的评价		你的评价		你的评价	
教师评价		教师评价		教师评价	

评价方法：根据活动中的表现,在"你的评价"栏中用☆表示评价完成自评,并对一位同伴的表现进行评价。

【设计意图】"素养"两个字拆开,"素"就是"平素","养"就是"养成",素养就是在平素积少成多的功夫。学生在课堂的每一次尝试都是对未知的探究,每一次思考都是对自我的挑战,素养也就悄悄地在探究中形成,在活动中发展。传统的课堂教学往往采用分数来评价,虽然较为精确,但这样的评价方式会让教学成为一种枯燥的活动。为了更好地发挥评价者的教育功能,使评价成为学生成长的重要契机,采用过程性评价无疑是一个很好的途径,在评价中采用自评、互评、教师评价相结合,使评价的广度和精度更为合理。

4. 教学反思

科学的课堂评价能使学生在学习的过程中认识自我,并不断调节和修正。本节课从培养学生核心素养的视角出发,总结了优化初中化学课堂教学的评价策略。

1) 多元评价主体

在以往的教学过程中,往往是以教师评价为主,实现评价主体的多元化是促进学生全面发展、落实核心素养的必经之路。本节课让学生、教师共同参与课堂评价,突出以学生评价为主体的教学模式。基于核心素养下的化学课堂评价,要以学生为主体,做到评价主体的多元化,具体可以采用学生自评、互评相结合的方式。在教师的引导下,学生总结自己在这节课中的优缺点,关注同学的优点,取长补短,共同进步。

2) 多样评价方法

（1）语言评价,激励学生自主发展。

苏霍姆林斯基说过:"教育的艺术首先包括谈话的艺术。"这说明教学效果很大程度上取决于教师的教学语言,特别是课堂评价语言。所以教师在课堂上灵活的、多样化的评价语言显得尤为关键。对学生正确的回答,教师要及时给予肯定和表扬,如"很好""你很棒""你的想法非常好"等等;对学生不正确的回答,教师要给予适当的鼓励,如"你可能需要再想一想",并给予中肯的意见。

（2）体态评价,鼓励学生创新发展。

体态语言就是通过肢体动作来表达自己的感情。教师的一举一动、一颦一笑无不影响着学生的心灵,通过无声的语言可以辅助有声的语言共同实现教学目的。如本课中,一个学生用生活中茶包的联想设计气体发生装置,一下子让苦思冥想的同学豁然开朗、产生共鸣,在教师的建议下,同学们用掌声予以鼓励,在肯定赞赏中提升学生的科学探究和实验创新素养。

3) 多维评价目标,提升学生素养

初中化学课堂教学评价目标要体现多维度,即在评价的过程中要考虑到学生的个

体差异,体现评价的多维度。课堂教学的评价不仅要面向全体学生,同时更要关注学生的不同学习特点,体现因材施教。在教学中分别针对不同的学生、不同的化学素养目标,采用分层提问、分层练习来完成教学评价,可以使学生在不同维度得到发展,提高学生的学科素养。

　　总而言之,在初中化学课堂教学中,教师要以培养学生的核心素养为出发点,注重从对学生学习过程和学习效果的评价,导向学生学习方式的转变和学科素养的提高。本课以学定教、以评促教,以证据推理、创新意识、科学态度等学科核心素养为价值取向,以合作交流学习为落实的途径,培养学生创新的意识、严谨的态度、合作的精神,最终发展核心素养。

　　　　　　　　　(本教学案例研究由上海市奉贤区育秀实验学校陈丹华撰写)

四、专家点评

　　本章内容聚焦化学学科核心素养,对化学教学中的学生评价问题进行了系统的梳理,明确了学生评价的意义、指导思想和策略,关注学生的发展以及学生在评价中作用的发挥,对教学实践具有较强的指导作用。教学案例关注学生的实践与体验,既有对课时教学的思考,也有对单元内容整体的规划,尤其关注跨课时、长周期学生活动的设计和实施。案例将教学过程和评价过程有机融合,有利于促进学生化学学科核心素养和科学素养的发展。教师通过精心设计评价量表来引导学生开展有效的自评和互评,充分发挥学生在评价过程中的自主性。案例对前面的理论阐述起到了很好的示范作用,有利于教师通过模仿案例,在教学实践中加深对相关理论的理解。

（上海市化学教研员、特级教师　徐睿）

参考文献

［1］ 保志明.课堂教学中碎片化元素知识的选择和整合——"钠的化合物"的教学及思考［J］.中学化学教学参考,2018(4).

［2］ 陈丹,刘补云.数字化手持技术在影响盐类水解因素中的应用研究［J］.化学教学,2016(2).

［3］ 陈柳青,刘江田.立足课堂培养化学核心素养——以"化学反应与能量的变化"为例［J］.中学化学教学参考,2018(3).

［4］ 单旭峰.对"模型认知"学科核心素养的认识与思考［J］.化学教学,2019(3).

［5］ 范标.核心素养视域下的情境创设——以"水的净化与组成"为例［J］.化学教学,2019(2).

［6］ 纪政.中学化学数字化实验教学案例开发及其应用研究［D］,合肥师范学院,2016：26－27.

［7］ 井延涛.在化学教学中渗透爱国主义和民族精神教育［J］.中国民族教育,2018(11).

［8］ 李庆安,吴国宏.聚焦思维结构的智力理论——林崇德的智力理论选择［J］.心理科学,2006,29(1).

［9］ 上海市教育委员会教学研究室.上海市高中化学学科教学基本要求［M］.上海：华东师范大学出版社,2017.

［10］ 上海市教育委员会.上海市中学化学课程标准［M］.上海：上海教育出版社,2006.

［11］ 申燕,陈尚宝,邹志谱,姚毅锋.基于STEM理念下的项目式学习课例设计——以"探索人体的呼吸"为例［J］.化学教学,2019(9).

［12］ 王灿.在高中化学定量实验教学中培养学生的"精、准"意识——高二年级《酸碱滴定》(第一课时)教学设计.现代教学,2015(7AB).

［13］ 王利剑.化学试卷讲评课模式初探［J］.中国校外教育,2008.

［14］ 吴冰,王伟群.二氧化硫性质主题式复习教学设计与实施［J］.化学教育,2016,37(7).

［15］ 吴冯,王伟群.铁、铜性质主题式复习教学设计与实施［J］.化学教与学,2016(1).

［16］ 夏雪梅.项目化学习设计：学习素养视角下的国际与本土实践［M］.北京：教育科学出版社,2018.

［17］ 肖中荣.议析化学学科理解与提升教学能力［J］.化学教学,2020(1).

［18］ 杨卫国.现代世界教学理论选粹［M］.上海：上海教育出版社,2013.

［19］ 叶佩玉.中学化学教学设计［M］.上海：上海教育出版社,2016.

［20］ 余文森.核心素养导向的课堂教学［M］.上海：上海教育出版社,2018.

［21］ 张文韬.优化高中化学课堂教学评价策略［J］.学周刊,2013(23).

［22］ 中华人民共和国教育部.普通高中化学课程标准(2017版)［M］.北京：人民教育出版社,2018.